名师名校名校长

凝聚名师共识
回应名师关怀
打造名师品牌
培育名师群体

眼明远影

为改变 为幸福

——成果导向下的县域国培教育的探索与实践

贺国惠　主编

中国出版集团　现代出版社

图书在版编目（ＣＩＰ）数据

为改变 为幸福 : 成果导向下的县域国培教育的探
索与实践 / 贺国惠主编. -- 北京 : 现代出版社, 2024.
7. -- ISBN 978-7-5231-0911-3

Ⅰ . G451.2

中国国家版本馆CIP数据核字第20249WV341号

为改变　为幸福——成果导向下的县域国培教育的探索与实践

主　　编　贺国惠

出 版 人	乔先彪
责任编辑	姜　军
责任印制	贾子珍
出版发行	现代出版社
地　　址	北京市安定门外安华里504号
邮政编码	100011
电　　话	(010) 64267325
传　　真	(010) 64245264
网　　址	www.1980xd.com
印　　刷	北京政采印刷服务有限公司
开　　本	710mm×1000mm　1/16
印　　张	16
字　　数	268千字
版　　次	2024年7月第1版　2024年7月第1次印刷
书　　号	ISBN 978-7-5231-0911-3
定　　价	58.00元

编委会

幸福的明证

（代序）

湖南省株洲市攸县教师发展中心要出一本县域国培实践与探索的书籍。

这是意料之内、情理之中的大好事。攸县自2018年成为"国培计划"项目县以来，秉承"示范引领、促进改革、雪中送炭"的国培宗旨，坚持"为改变 为幸福"的发展理念，求真务实，用心耕耘，向光勇行，探索县域国培的"攸县方案""攸县经验""攸县模式"，取得了瞩目的成就。

更难能可贵的是，攸县国培带来了县域教育生态的优化：一大批本土专家破"土"而出，出类拔萃；一大批乡村教师抱团发展，茁壮成长；县域教育资源得以相对均衡，县域教育教学质量大幅提升。

翻开《为改变 为幸福——成果导向下的县域国培教育的探索与实践》一书，你会发现攸县国培成果累积之多，改变之可见，幸福之可触摸；你也会发现，这改变并非暴风骤雨式的，而是一步步、一点点渗透开来。恰如老舍先生曾说："生活是种律动，须有光有影，有左有右，有晴有雨，滋味就含在这变而不猛的曲折里。"攸县国培就是在这样一种"变而不猛"的曲折里，传承创新，幸福笃行。

攸县国培为什么能改变区域培训生态，给广大教师带来培训的幸福？因为攸县国培人一直坚持做精致国培，他们执着于"一事精致，从一而终"的理念，在国培探索中极致追求、极致努力，创造了很多教育幸福"红利"，为县域教师发展带来了勃勃生机。因为攸县国培人一直坚持做专业国培，他们是一群专业的人做专业的事，遵循教师专业成长规律，贴近教师的专业发展需求，落地校本，扎根课堂，开展沉浸式培训，提高教师素养。

本书的编排体例也很有创意，以"聚焦—融合—成长"为逻辑，依次展开延伸。这其实也是我们做国培工作的一个标准工作流程：问题导向，主题引领，任务驱动，过程对标，成果展示。聚焦主题、课例、课题，融合专家、学科、方案、工具，最终产生聚变效应：导师、教师成长，各类研究成果萃取发表，辐射引领。于是乎县域国培体系相对完美呈现，这一系列的研究成果有着极强的可复制、可操作的存在价值，足以为其他区域国培提供很好的指导和借鉴。

本书就是攸县国培人和广大教师幸福的明证。

是为序。

全国中小学幼儿园教师培训专家工作组专家　黄佑生

2024年2月

我们的庆典

（自序）

湖南省株洲市攸县成为国培项目县第五年之后，我和我的伙伴们出版县域五年国培成果的想法越来越强烈。不为著书立言，只为五年来攸县国培人"为改变　为幸福"的铮铮誓言，只为五年来攸县广大一线教师在国培中所碰撞出的智慧火花，只为五年来众多国培学员在岗位实践上的改变和取得的丰硕成果。

五年国培，攸县广大教师的专业成长理念在改变。越来越多的教师认识到：专业化应该是教师的终身追求，只有专业的研修和培训，才能有更为专业的教师。越来越多的专业名词——用户思维、主题研修、结构思维、经验学习圈等在教师们的心里生根发芽。越来越多的教师凝聚了一个共识：有压力才有进步，有逼迫才有改变，有改变才有幸福。

五年国培，攸县的课堂生态在改变。2022年，攸县国培学员研修效果有这样一组数据：学生对教师的满意度增长了10.6个百分点，教师课程指导力和自我认同度分别增长13.6和8.0个百分点。因为国培，越来越多的教师更为牢固地树立了"以学为中心"的理念，更为专业地观课议课，更自觉地依据新课程标准设计教学、组织教学、评价教学。

五年国培，攸县校本研修生态在改变。"国培引领校培"不再是我们的愿景，而成为实实在在的行动。校本研修不再是孤岛式的、运动化的、完成任务式的研修，而成为从问题出发的研修、以任务引领的研修、以成果导向的研修、基于工作场景的团队学习，更成为学校引领教师发展、提升教育质量的关键平台。

"只要上了路，一直往前走，就一定能遇上隆重的庆典！"沿着国培之路，我们就这样一路不管不顾地往前走着。这样一条路对于攸县国培人来说，是全新的路，是艰难的路，是奋进的路，更是收获的路。在这条路上，攸县国培人把彷徨、犹豫与困惑扔得远远的，将希望、收获与成长抱得紧紧的。于是，五年国培，攸县教育人终迎来了属于自己的"盛大庆典"。在这个"庆典"里，有着众多的本土专家破茧的场景，有着更多自觉追求专业成长的一线教师刻苦研修的身影，有着诸多省级、国家级荣誉的见证，更有着攸县基础教育质量迭代升级的荣耀。当然，这本书也是我们"庆典"里的璀璨之花，虽不华美，却是我们的心血育成，我们十分珍惜，若能给有缘的读者以点滴启发和些许力量，我们会感到无上的荣光。

编写这本书，初衷是集聚县域优质国培研修成果，以国培优秀成果触发更多的培训研修成果。在整理、遴选众多优质研修成果中，我们再次为五年国培中众多国培人忘我的钻研热情、昂扬的学习激情、开放的学习视野所震撼。袁茹锦在《化书为课》中说道："所谓最优的学习效果，是指在这个过程中，学习者能够'看'到自己思维的进步和能力的蜕变。"我们诚挚地希望这本书不但能够点燃广大教师学习和改变的热情，更希望广大教师在学习、改变的征途中不断收获幸福。

这本书得以出版，离不开攸县教育局党委班子的鼎力支持，离不开攸县各学段名师工作室的辛勤付出，更离不开湖南省教师发展中心一直以来对攸县国培工作的悉心指导和关注厚爱。

编辑此书时间仓促，经验不足，因水平所限，纰漏难免，冀望大方之家海涵。

以此作为自序。

贺国惠

2023年9月

目 录

上篇　聚焦

研修主题·· 2

攸县初中道德与法治教师工作坊（A1079）研修主题解读 ················ 2

攸县初中英语教师整校推进工作坊研修主题解读 ·············· 9

"两创四步"初中生物概念教学法 ···························· 16

"基于情境创设开展概念教学"主题解读 ···················· 24

幼儿园班级大型主题表演游戏活动的设计与组织 ·············· 36

"国培计划"（2019）攸县送教培训特殊教育学科成果展示方案 ········ 52

"国培计划"（2021）攸县初中物理教师工作坊研修（C0610）主题活动

　研修方案 ·· 55

"国培计划"（2021）攸县幼儿教师工作坊（C0613）第四次线下集中

　研修活动方案 ·· 57

研修课题·· 60

攸县 2019 年教师培训需求调研报告 ······················ 60

2022 年攸县初中英语教师整校推进工作坊研修主题需求调查报告 ······ 68

"小学生数学数据分析能力培养的策略研究"研究报告 ··········· 72

"县域教师培训与校本研修一体化的实践研究"课题结题研究报告 ······ 83

中篇 融合

纵深共融 ·· 98

"六阶三段两循环"县域教师培训者培养模式 ············· 98

以室联校，助力国培模式落地 ································· 103

强化联动机制，全面提升研修效果 ······················· 108

推进"研训一体"，做实"校本研修" ······················ 112

小技术，大智慧 ··· 118

"一体两线、三融五化"教师工作坊整校推进研修模式探索 122

小步共成 ·· 129

双向融合，共生共长 ··· 129

重视培训团队建设，发挥培训团队作用 ················· 137

基于融合教育背景下"滴灌式"师资培训模式的构建 ······ 141

三"范"引领，创科学教师培训模式 ····················· 148

下篇 成长

改变精进 ·· 154

用更勇敢的方式奔跑 ··· 154

逐光之旅 ·· 162

因国培而改变，因改变而幸福 ………………………………… 166

相信改变的力量，遇见幸福的自己 …………………………… 169

让"差距"成为自身发展的原动力 …………………………… 173

国培让我成长 …………………………………………………… 177

不断成长的老师是幸福的 ……………………………………… 179

国培助力，提升自我 …………………………………………… 180

论文精粹 …………………………………………………………… 183

"四精准、四融合"为提高教师信息素养赋能 ……………… 183

"三线三环"搭建心育起步阶段的脚手架 …………………… 189

小主题、准聚焦、大提升 ……………………………………… 195

"五梯度"螺旋式研修赋能教师专业发展 …………………… 198

运用"四环递进"模式，优化物理概念教学 ………………… 203

习作讲评，爱上习作 …………………………………………… 208

教学支架巧搭，英语课堂开花 ………………………………… 213

推模式教学，育核心素养 ……………………………………… 219

音你而来，乐动童心 …………………………………………… 226

国培影响 …………………………………………………………… 234

"一体四核"的项目县国培实践模式 ………………………… 234

后　记 ……………………………………………………………… 240

上篇

聚焦

县域教师培训如何破局？如何优化以实现更高效能？又该如何引导教师洞见问题、聚焦问题并解决问题？面对县域教师培训的诸多挑战，我们不断反思与聚焦。

我们依托"国培计划"的引领优势，坚持以问题为导向，通过"三层三步"调研策略精准定位需求，提升培训效果：首先，县教师发展中心运用多种方式深究组织层面需求；其次，学科团队针对实际问题提炼研修主题，并撰写报告；最后，专家论证预设成果，形成县域项目需求调研报告。在研修主题确定环节，我们采用"两下两上"互动模式，从学员需求出发，经过导师和专家反复论证，结合国家课程标准及核心素养要求精选主题，确保学员透彻理解研修目标内涵。

为了提高研修品质，我们确立课题研究为成效标尺，实施"三研三磨"实践路径：课例研究紧扣主题，精雕细琢教学设计；课堂实践反复磨课，持续优化教学方式；课题研讨阶段总结策略，构建推广型研修模式，并转化为科研课题。

本章节围绕国培主题、课例及课题，汇集了各学科关于国培实践的深度解析、精彩案例与研究成果，生动展示了从发现问题到确定主题，再到深化课题研究与课例打磨的过程，有力推动了县域教师培训向科学化、系统化和高效化的纵深发展。

攸县初中道德与法治教师工作坊（A1079）研修主题解读

攸县教育局教育科学研究室　洪建湘

一、研修主题

"双减"背景下基于核心素养培育的初中道德与法治主线式情境教学探究。

二、研修需求分析与主题阐述

背景及理论依据：2022年4月《义务教育道德与法治课程标准（2022年版）》正式颁布，新课程标准明确提出，道德与法治课程立足于发展学生核心素养，以学生的真实生活为基础，突出问题导向，多方面创设情境，引导学生发现问题、分析问题、解决问题。这要求初中道德与法治教学尽可能地运用情境教学，构建活动型课堂，使学生在愉悦中接受教育，让学生真学、真信、真用，从而培养核心素养、提高学习兴趣，发挥立德树人关键课程的作用。

2021年7月，中央办公厅、国务院办公厅印发了《关于进一步减轻义务教育阶段学生作业负担和校外培训负担的意见》，作为立德树人关键课程的道德与法治落实"双减"任务责无旁贷。从课堂的角度减负最重要的是"转变教学方式、调整课堂结构、注重学生素养、提高教学质量"，打造快乐、高效、潜移默化的课堂。教师必须认真研读新课程标准，科学把握教学内容，同时学会运用高效实用的课堂模式。主线式情境教学模式是具有较强操作性，符合县情的实用模式。

现实情况及需求：为切实做好义务教育道德与法治学科教师工作坊研修，

主持人团队对攸县初中道德与法治教师现状及需求问卷调研，发现当前攸县义务教育道德与法治教师主要存在如下问题：

（1）教师中教非所学现象较为突出，教师结构两极分化严重。参与问卷的初中道德与法治专职教师78人，其中非思政专业的教师占80%。问卷中入职10年以下的占15%，20年以上的占75%。因为从教经验不足或专业完全不对口或年纪偏大，攸县初中道德与法治教师与习近平总书记要求的"政治要强、情怀要深、思维要新、视野要广、自律要严、人格要正"的六要思政教师还有一定的差距。

（2）教师新课程教学的理念和教学方法不够熟悉。攸县大多数初中道德与法治教师主动学习和研究新课程、新课标有限。新课标不熟悉或有过了解但不够深入的占68%。大部分教师在教学中仍存在沿用陈旧的方法与手段。课堂缺乏亲和力、吸引力，学生的抬头率、点头率不高。

（3）新课程情境教学的设计与实施不到位。生动有效教学情境的创设可以转变过去简单的认知型教学，把过去照本宣科、干巴巴、空洞说教的思政课变成有温度、有热度、有信度的思政金课。问卷中70%的教师对情境教学有所了解，但对如何创设有效情境，并采用一案到底、主线式情境教学存在很多困惑。

基于理论和现实情况，本次攸县义务教育道德与法治教师工作坊的研修主题定为"'双减'背景下基于核心素养培育的初中道德与法治课主线式情境教学探究"。

如何创设有效情境，并让基于情境的教学活动有序、有趣、入脑、入心，正是本次研修的重中之重。

三、研修对象

根据攸县教育局教育培训中心的部署，义务教育道德与法治学科教师工作坊研修对象为攸县义务教育道德与法治课教师，共50人，

四、研修目标

贯彻落实习近平总书记在学校思想政治理论课教师座谈会上的重要讲话精神，以教学情境的创设研修为工作坊的重要抓手，以培养一支可信、可敬、可靠，乐为、敢为、有为的思政课教师队伍为工作坊的重要目标，以提升初中思政课的思想性、理论性、亲和力和针对性为工作坊的重要使命。通过教学情境

创设的研讨，主线式情境教学的运用能提高义务教育道德与法治教师践行新课标新课程的能力，提升义务教育道德与法治课程教师的教育教学能力。

具体目标与任务：

（1）通过情境创设主题研修学习，掌握义务教育《道德与法治》部编版教材特点、教学理念和教学方法，提升坊员的学科素养。组织坊员通过课程资源的线上学习和主题研讨，开展体验式、参与式、互动式的线下研修活动，帮助坊员准确把握义务教育道德与法治课程，掌握相应的教学艺术和技巧。

（2）通过情境创设主题研修学习，掌握情境创设的类型、原则、要求和流程，提高教师创设情境的能力与水平，打造魅力思政课。组织坊员通过基地校课堂观摩、坊员之间同课异构、分组集中研课、送教下乡、专家点评和讲座等方式，了解情境创设的原理与方法，明确创设情境教学的价值和流程。

（3）通过情境创设主题研修学习，形成主线式情境教学模型，提高义务教育道德与法治教师践行新课标新课程的能力，让学生核心素养的培育落地。同时，将所有的研修成果通过论文、著作等形式固化，并通过坊员的研究反思、课堂展示，组织教师工作坊或工作室加以辐射和推广。

附：

七年级下册道德与法治《我与集体共成长》教学设计

攸县市上坪中学　何　婷

《我与集体共成长》这一框题是"我与他人和集体关系"中"在集体中成长"的重要内容，主要说明了正确认识个人与集体的关系，主动参与班级和学校活动，并发挥积极主动参与作用，做一个负责任的人。

【教材分析】

本节课是教材第八课《美好集体有我在》的第二框《我与集体共成长》，本单元主要内容是围绕如何认识和处理个人与集体的关系问题，集体生活需要个体不断建构，集体的不断进步与个人的锻炼成长休戚相关；培养学生在集体共建中尽职尽责、勇于担当的观念与能力，使学生乐于共建共享美好集体，在集体中共成长。

本课时内容分为两个部分，第一个部分"在共建中尽责"，是在前一框学生对美好集体憧憬的基础上，对学生如何与集体共成长进行指导。教材通过"共同确定愿景、共同商定集体的规则与制度、共同创造良好的集体氛围"三部分内容，引导学生明确良好集体氛围的形成离不开每个人的努力。第二部分"在担当中成长"，引导学生进一步认识自己在集体中担当责任可以成就个人的成长，思考集体生活对个人成长的重要意义。

【学情分析】

七年级学生既有小学生的特性，又处于青春期，自我意识不断发展。他们对推动事物发展有热情，有积极性，但在集体生活中，大多数又比较以自我为中心，习惯别人为我服务，比较唯我。不少学生可以判断负责与不负责的是非，但不能把正确选择付之行动：在个人奋斗目标上，学生表现为个人意识较强，集体意识较弱；在利益关系上表现为以"我"为中心，"追求自我实现、自我完善"。因此，学生需要学会正确认识和处理个人与集体的关系，以及如何建设美好集体。

【教学目标】

政治认同：了解我与他人、集体的关系，学会处理我与他人和集体的关系。

道德修养：学会在集体的建设中尽责并勇于担当。

法治观念：通过开展活动，在集体活动中体会温暖与力量。

健全人格：热爱集体，主动参与班级和学校活动，有集体荣誉感。

责任意识：感受学校生活的幸福，体会团结的力量。

【教学重难点】

重点：在集体中"尽责"的具体要求。

难点：如何在集体中承担责任。

【教学策略】

本节课的设计，充分体现了教师"走进教材、理解教材、把握教材、跳出教材"的教材观；借助学生熟悉的日常生活事例，创设情境、设计问题，贯穿课堂教学的始终，使课堂教学在不断提出问题和解决问题的过程中完成学习目标，很好地培养了学生的合作能力、创新能力，促使学生在知识、能力、情感、态度、价值观等各方面得到充分发展。本课所运用的教法有情境创设法、合作探究法、启发式教学法、多媒体教学法等，学法有探究法、体验法等。

【教学过程】

整个课堂运用主线式情境教学，借助165班公区卫生，引发学生对美好集体建设的思考。整个课堂每个环节设置1~2个问题供学生探讨，体现学生的主体地位，注重课堂自然生成，引导学生在情感体验中成长。具体教学流程如下。

（一）导入新课：图片导入

师：在市上坪中学有这么一个班集体，他们一直荣获"优秀班集体"荣誉称号。然而这么一个优秀班集体却在开学之初遇到了一个棘手的问题，我们通过一段视频来了解一下。

学生活动：认真听课，积极投入课堂。

教师活动：激情导入，精神饱满。

设计意图：迅速拉近师生关系，一起进入课堂状态。

（二）新课讲授

环节一：集体生活共参与

PPT播放《自制视频1——检查公区卫生》，提问：视频中，这个班集体遇到了什么难题？

生：公区卫生清扫不理想。

师：播放音频，组织学生合作探讨：如何完善公区卫生管理制度。

学生先合作探究，再畅所欲言（师即时点拨）。

师小结：在集体中，集体规则需要我们共同讨论，协商制定，才能使规则更加完善。

学生活动：积极互动，积极探讨，并大胆表达观点。

教师活动：巡视指导，及时点评，言语鼓励。

设计意图：通过合作探究，引导学生明白规则的制定需要共同参与、共同协商，才能更好地指导集体活动的开展。

过渡：规则制定之后，需要我们遵守，下面一起看看以下两个案例，判断"我"的行为。

环节二：集体规则齐遵守

PPT课件出示"案例分析"。

师提问："我"的行为是否正确？为什么？

学生独立思考，并各抒己见（师即时点拨）。

师小结：遵守规则，需要我们发扬自治精神，我们不仅要管理自己的言行，还要管理自己的情绪。

学生活动：积极思考，积极开展组内探讨，并大胆表达观点。

教师活动：有效引导，及时点评，言语鼓励。

设计意图：通过分组案例分析，引导学生明白遵守集体规则需要我们发扬自治精神，不仅要管好自己的言行，还要学会控制好自己的情绪。

过渡：明文规定我们应该做的，我们必须做。如果明文规定是他人的责任，我们需要帮他人承担吗？我们继续观看视频

环节三：集体责任勇担当

PPT播放《自制视频2——我太难了》，学生观看视频并思考以下问题：

（1）视频中男孩的观点是否正确？请说出理由。

（2）视频中的班长应该怎么做？

学生自由表达（师即时点拨）。

师小结：为集体出力，需要我们每个人从实际情况出发，尽己所能，悉心呵护集体荣誉。

学生活动：积极思考，积极探讨，并大胆表达观点。

教师活动：有效引导，及时点评，言语鼓励。

设计意图：通过对视频中人物角色的分析，引导学生明白：勇担责任，需要我们从实际情况出发，尽己所能，用心呵护集体荣誉，坚持集体至上。

过渡：勇担责任，需要我们站在集体的高度，考虑集体利益，那么下面这个同学为了集体荣誉，这样做合适吗？我们继续观看视频

PPT播放《自制视频3——可以吗》，学生观看视频并思考以下问题：

（1）为了集体荣誉，我们该不该把男孩换掉？

（2）你参加过哪些班集体或者学校组织的集体活动？你的感觉如何？

学生自由表达（师即时点拨）。

师小结：在集体生活中，学会接纳他人，理解和包容他人；学会关爱他人，互相帮助，是我们走向社会的"必修课"。感谢同学们的精彩分享！

学生活动：积极思考，积极主动参与组内探讨，并大胆表达观点。

教师活动：有效引导，及时点评，言语鼓励。

设计意图：通过对视频中人物角色的分析，引导学生明白：在集体中，我们需要学会理解包容。从165班班集体公共卫生问题延伸到我与我的班集体生活，并让学生明白参与集体生活，不仅成就了集体的美好，还促进了自我的成长。

PPT播放《自制视频4——我们的答卷》，欣赏、学习与共勉。

（三）课堂总结

集体中没有旁观者，我们每个人都是集体的主人。愿同学们：学会参与，学会担当，争做集体好榜样！

【板书设计】

我与集体共成长

共建 {协商 / 自治   担当 {尽责 / 理解

【教学反思】

本堂课是基于2022年国培的主题"基于核心素养培育的初中道德与法治主线式情境教学探究",以"165班公区卫生"为主线贯穿整个课堂,选取学生熟悉的极富生活化的素材并创设情境,充分把课堂交给学生,让学生在情感体验中成长,教学设计所设置的问题都是学生日常生活中常见的生活化问题,以同级班集体做素材,并引入课堂,能很好地产生情感共鸣。与此同时,课堂教学设计充分体现了学生的主体性,把课堂交给学生,注重课堂生成。

此外,本堂课没有做到很好的情感升华,过于接地气,仅局限于班集体建设,而没有从班集体建设引申到家国情怀与担当。

攸县初中英语教师整校推进
工作坊研修主题解读

攸县教育科学研究室　邓瑞兰

一、研修主题

指向核心素养的初中英语单元整体设计写作教学专题研究。

二、研修需求分析

（一）课标要求

刚刚颁布的《义务教育英语课程标准（2022年版）》明确要求加强单元教学的整体性，推动实施单元整体教学。教师要强化素养立意，围绕单元主题，充分挖掘育人价值，确立单元育人目标和教学主线；深入解读和分析单元内各语篇及相关教学资源，并结合学生的认知逻辑和生活经验，对单元内容进行必要的整合或重组，建立单元内各语篇内容之间及语篇育人功能之间的联系，形成具有整合性、关联性、发展性的单元育人蓝图。

因此，为解决普遍存在于初中英语读写教学中的难题，在素养导向下的教学，必然将开展大单元整体教学，选取单元整体教学为突破口，通过大观念、大问题、大任务来组织一个单元的教学，将单元结构化，在促进教师教学观念转变的同时，力求探索出适应目前初中英语读写教学发展的系统及指导方案，提高学生的英语综合应用能力。

（二）进一步巩固送教培训成果

2019年，攸县初中英语送教培训主题为"支架式教学法在初中英语以读促写教学中的应用"，2021年，攸县初中英语国培主题为"单元话题视角下的初中英语读写结合"。前两年的国培取得了一定的成效，提升了学生的英语表达能力，这坚定了我们工作坊继续加强初中英语写作教学研究的决心。问卷和调研发现，大多数教师和学生已经有了支架写作意识，也注重单元话题的过程写作，但是仍然有部分教师没有从单元整体教学设计，没有逐步设置有梯度的书面表达输出任务，写作教学仍然有研究的空间。因此，为进一步深化、细化和系统化单元整体写作教学，本次攸县初中英语教师整校推进工作坊的研修主题定为"指向核心素养的初中英语单元整体设计写作教学专题研究"，进一步巩固和提高送教培训的成果。

（三）根据教师的实际需求

为了使工作坊主题更加切合教师需求，增强国培的针对性和实效性，坊团队通过走访、谈话和问卷的形式，对全县部分初中英语教师的需求进行了调研。共有100名教师参与了问卷，绝大多数教师希望通过工作坊学习新理念，解决教学实际问题。研修主题的分析结果如下：有55%的教师选择了A，即指向核心素养的初中英语单元整体写作教学专题研究；26%的教师选择了B，即基于文本解读的初中英语阅读课堂研究；19%的教师选择了C，即核心素养立意的初中英语口语教学。这说明绝大多数教师对单元整体写作教学专题研究比较感兴趣。

同时，从访谈和问卷中，我们还发现：教师希望坊团队能深入农村学校，基于农村初中英语教学进行课堂研讨，帮助教师解决教学中的实际问题；也有教师希望有机会看到省市级的优秀教师给他们上示范课。我们坊团队会尽力满足教师们的需求。

（四）对接新中考、高考的要求

通过分析历年的中考高考试题，我们明显地发现阅读理解题是考卷中所占分量和分值最高的一项，而写作教学是教师觉得最棘手的一项教学任务。参考《义务教育英语课程标准（2022年版）》的要求，随着年级的递增，阅读理解和写作在整个教学中所占的比例及难度也相应提高，同时教学的侧重点也更向阅读写作能力的培养和运用倾斜。自2021年起，湖南省新高考有两篇作文，增加了一篇读后续写的写作，这对提高学生读写能力提出了新的要求。为此，初中英语工作坊确定本年度的研修主题：指向核心素养的初中英语单元整体设计写作教学专题研究。

附：

人教版九年级英语第六单元阅读课"An accidental invention"教学课例

攸县教育局 谭飞飞

【设计思路】

本节课运用了2021年攸县初中英语工作坊的主题——"话题视角下以读促写的教学研究"进行设计,旨在通过对文本的解读,让学生了解茶是何时何地如何发明、如何普及的,探讨茶的功能和茶文化的内涵,尝试用英语讲茶的故事,推广中国的茶文化。同时,学生又能在教师设置的情境中,通过可视化思维模式获得写作支架。学生的写作输出(发文至学校网站)可以更好地普及和推广茶文化,很好地体现了语言的工具性和人文性。课堂活动是按照英语学习活动观的概念来设计的:学习了解(了解茶的发现)—运用实践(讲述茶的故事)—迁移创新(推广茶文化)。

【教材分析】

本单元主要围绕"inventions"这个话题进行教学活动,围绕这个话题,教材涵盖了相关单词、短语以及听说读写素材,旨在基于学生的生活背景和相关素材,运用目标语言"Something be invented /made..."被动语态结构,进一步了解茶被发明的相关信息和故事,引导学生探讨茶文化的本质,感受中国茶文化的魅力。所以,本单元在语言知识上是继续被动语态的用法,拓展有关茶文化的词汇;在文化意识和情感价值观方面是让学生了解茶的健康功能,探讨茶文化的本质并愿意用英语普及和推广茶文化。本节课是第三课时,语篇为一篇阅读文本,学生通过阅读文本可以获得茶被发现的有趣故事,分析茶受欢迎的原因,思考探讨茶文化的本质。

【学情分析】

本单元的话题贴近生活,容易激发学生的学习热情。在前面的课时中,学生已经学习了被动语态的用法,为本节课的语法学习打下了基础;学生对司空见惯的茶有一定的了解,但对茶的故事知之不多、对茶文化理解不透,这节课提供了一个很好的能让学生对中国茶文化产生兴趣并充满自信的学习素材。

【教学内容】

人教版新目标(Go for it!)九年级Unit 6 Section A 3a-3c。

【教学目标】

1. Read and understand the new phrases and words in this passage.

2. Understand the passage and know the nature of Chinese tea.

3. Write a passage about Chinese tea culture.

4. Show interest in Chinese culture and be willing to spread it in English.

【教学重难点】

Teaching key points：

（1）Understand the passage and get key information；

（2）Learn to tell a story about how tea was invented by accident;

（3）Write a passage about Chinese tea culture.

Teaching difficult point：By the end of this period, the students will be able to write a passage about Chinese tea culture after reading.

【教学过程】

第三课时教学过程

Step	Procedure	Time
Step Ⅰ：Warm-up and lead-in	Have a talk: 1.What have you known about tea? 2.What do you want to know about tea? （通过情景导入，调动学生对话题的兴趣，并让学生根据自己的认知预判文章的内容）	5'
Step Ⅱ：Reading	1.Skim the article and match each paragraph with proper ideas. 2.Read the paragraph and complete the tasks. Activity1：Complete the first paragraph with the given words. （通过填空练习，帮助学生在语境中学习新词汇） Activity 2：Retell the story according to the pictures.（通过看图说话，帮助学生更直观地复述故事，并为写作提供语言支架） Activity 3：Read the second paragraph and complete the sentences with correct forms.（用所给动词正确形式填空，帮助学生进一步熟悉被动语态在文本中的运用） Activity 4：Read the third paragraph and complete the mind-map. (通过思维导图的形式，让第三段文字更加清晰，让思维变得可视化) 这个环节主要帮助学生深度解读文本，丰富语言、内容、结构支架，在为写作做好铺垫的同时，凸显文本的写作形式和特点	24'

Step	Procedure	Time
Step Ⅲ: Practice	Extensive questions: What is the nature of tea? （在文本阅读的基础上，追加问题，让学生有深度思考的过程，升华观点）	4'
Step Ⅳ: Writing	1.Have a discussion: How to spread Chinese tea culture? （在讨论中，让学生自我归纳总结，交流意见，提高合作与归纳能力，最终得出清晰的写作观点和结构，利于写作任务的完成） 2.Complete a passage about tea culture to send to "Jiang Qiao Voice".	7'
Step Ⅴ: Homework	1.Polish your passages. 2.Collect more information about tea culture.	

【教学反思】

本节课是笔者讲授的一堂国培示范课，运用了2021年攸县初中英语工作坊的主题——"话题视角下以读促写的教学研究"进行教学，课后有如下几点反思。

（一）四个特点

1.情境的创设——美

笔者身着旗袍，手抚古琴，现场泡茶；黑板上各组茶树板书设计，读后欣赏视频创设了真实而美好的情境，既能活跃课堂气氛，激发学生的学习兴趣，又能让中国茶文化的美深入学生的内心。

2.文本的解读——新

笔者用K-W-L的思维模式让学生从自己的认知到想要了解的信息，形成了阅读期待后再去阅读文章，利用最近发展区理论引导学生主动学习。同时，通过Reading the lines为学生搭建语言支架；通过Reading between the lines为学生搭建结构支架；通过Reading beyond the lines为学生搭建概念支架，从而做到巧搭支架、以读促写。

3.练习的设计——实

笔者设计了一系列输入和输出的训练，练习形式能很好地为内容服务。例如，读后看图讲故事可以让学生直观生动地了解茶被发现的过程，同时训练了学生概括和表达的能力；读段落并用所给词填空可以让学生根据上下文学习新单词和熟悉被动语态的用法，既提高了学生的语用能力，又使学生掌握了阅读技巧。

4. 学生的思维——活

笔者在教学中特别注重对学生思维能力的培养，如各小组的名称用的是茶的种类，学生思考如何制作有特点的组牌；了解神农发现茶的故事之后，学生辩证思考自己会如何应对此类情况；陆羽的《茶经》提到最好的泡茶水，那么学生探讨什么样的水最好；当学生了解茶是排在水之后最受人们欢迎的饮料，思考自己平时如何选择利于健康的饮料；阅读文本之后，学生探讨茶文化的本质是什么。这一系列的问题链既使教学环节环环相扣，又着力培养了学生的思维品质。

（二）两个遗憾

1. 时间分配不够合理

"以读促写"关键在于如何促，本节课阅读的训练比较充分，学生可以很好地理解文本，但是写作的指导不够，所以学生的写作输出不够理想，没有达到预期效果。

2. 写作展示不够直观

学生的写作如果借助信息技术投影显示在屏幕上，会便于学生互相赏析和评价，而笔者让学生口头朗读，不够清晰和直观。

【专家点评】

本堂课是一节质量很高的国培示范课，是和美课堂的体现，也真正做到了学识求真、价值向善、生命寻美的"真善美"的课堂，主要有以下几个特点。

（一）情境激兴趣

教师从着装、弹古琴、现场泡茶等生活情境入手，很自然地引入了话题，搭建了情境支架，同时能很好地激发学生的学习兴趣。

（二）理念巧应用

教师运用K-W-L的教学模式，让学生从自己的认知出发，引导学生思考自己想要了解哪些信息，形成了阅读期待后再去阅读文章。同时，学生完成阅读后通过讨论能解决自己的问题。

（三）设计搭支架

教师精心设计各个环节，层层铺垫互为支架。本堂课通过对文本的适当改编，把生词放在语境中去理解，语法放在语境中运用，同时为后面的写作输出搭建了语言支架。

（四）追问提思维

在学生完成阅读任务后，教师继续追问：如果你是神农，你会怎么做？你如何评价神农？问题的设计能很好地启发学生思维，激发学生的探究精神。

有点遗憾的地方是在展示学生写作的时候，如果能用希沃投屏技术，那么在评价作文的时候就更直观、更高效一些。总之，本堂课有情有境、有趣有味，有预设又有生成，是一堂高效的核心素养课堂。

"两创四步"初中生物概念教学法

——"国培计划"（2019）送教培训初中生物学科主题解读

攸县教育科学研究室 彭玉容

为了发展教师的教育教学能力，全面提升攸县初中生物课堂教学效率和教学成绩，"国培计划"（2019）送教培训初中生物团队经过多次调研和探讨，确定了送教培训的主题为"'两创四步'初中生物概念教学法"。下面我从三个方面进行解读。

一、背景

（一）基于教学现状的需求

经过两年的乡村初中生物课堂调研发现，很多生物教师大学学历并非生物教育专业，年轻教师大多数是美术、音乐、体育专业，年长的多数是电大中文专业等，生物教育专业教师数量不到四分之一，教非所学现象普遍存在。在目前的初中生物教学中，由于一部分教师属于非专业老师，生物专业知识不扎实，现学现用，自己对一些生物概念和生命观念理解不到位；其课堂教学没有抓手，教学环节紊乱，没有逻辑性，教学效率低下。要让年轻的非专业教师快速成长，首先要指导他们用一定的教学模式进行教学，提升他们的教学能力。

学生对学习概念最常采用的方式就是背诵，对概念缺乏深层次的理解，对生物学的学习停留在一个较肤浅的层面，思维得不到真正意义上的发展，能力培养也受到局限，阻碍了学科教学的实效性。

（二）基于课标的要求

《义务教育生物学课程标准（2011年版）》的课程实施建议指出，要关注重要概念的学习，义务教育阶段生物学课程内容包括10个一级主题、50个重要概念。在教学过程中，教师一方面要向学生提供各种丰富的有代表性的事实来为学生的概念形成提供支撑，另一方面要帮助学生通过对事实的抽象和概括，建立生物学重要概念，并以此来建构合理的知识框架，进而为学生能够在新情境下解决相关问题奠定基础。那么，教师在课堂教学时要想方设法为学生提供活动的机会，创设生动有趣的教学情境，激励学生主动参与学习，让学生在生动现实的情境中体验和理解知识。

（三）基于新中考的要求

新中考对学生的考查强调在立德树人的前提下，不仅考查学生的基础知识，更注重对学生关键能力的考查，通过真实情境，从核心素养的四个方面考查学生解决真实问题的能力，达到以考促学的目的。为了应对新中考，我们必须更新理念，改进教学模式。

二、主题确定途径

（1）通过对全县初中生物教师问卷调查"教师最需要的培训内容是什么？"根据调查结果，培训团队第一次确定培训主题：巧用情境串，激活生物课堂教学。

（2）根据第一次问卷调查的结果，培训团队成员通过多次微信研讨、网络会议，决定再做一次更具体的问卷，了解教师们急需解决的问题，发现教师们急需课堂教学技能的指导。第二次确定培训主题：创设有效情境，培养生物学科思维能力，加强概念教学。

（3）经过多轮探讨后，培训团队组织了一次线下活动，邀请正高级教师、数学名师工作室李向东教授给我们指导，在经过团队全体教师的热烈讨论下，第三次确定培训主题："两创六步"初中生物概念教学法（创设情境—提出问题—自主探究—形成概念—创设新情境—应用概念）。

（4）经过一段时间的操作后，团队成员发现该模式课堂操作有困难，要进一步优化。2019年6月30日，星期日，初中生物送教下乡导师团队相聚县城，一起讨论确定本次送教培训的主题。通过三个多小时的讨论，大家认为，由于生物教师紧缺，目前农村乡镇中学存在大量非生物专业的教师，这部分教师对于生物课堂教学没有经验，尤其是对生物概念教学感觉非常吃力，要么照本宣科，要么对概念进行简单的解读，缺少对概念生成的引导。基于这种现状，我们把本次送教下乡的主题确定为"探索出一种行之有效的初中生物课堂教学模式"。为了使本次送教培训的主题既与我们共同参与的省级课题"初中生物课堂教学中有效情境的创设研究"相吻合，又突出生物概念教学课堂模式的探索，我们最终确定本次送教培训的主题："两创四步"初中生物概念教学法（创设情境，导入新知—自主学习，学生质疑—任务驱动，合作探究—再创情境，迁移提升）。希望能让所有学员通过培训提升生物课堂教学能力。

三、主题实施过程

（1）导师团队制定了"两创四步"初中生物概念教学法课堂评价表。

（2）导师团队根据"两创四步"初中生物概念教学法给全体学员上两堂示范课。

（3）学员根据"两创四步"初中生物概念教学法课堂评价表研课磨课。

① 分组：既考虑就近分片原则，又考虑男女等的搭配。

② 自研自磨：每个学员模仿示范课，根据送教培训主题要求在本校上一节公开课，由本校教师评课并做好记录，重新修改后再上同一节课，并把录课视频上传到小组QQ群，根据小组成员的意见再次修改，并录好视频。（共上3次课，每次都要写好教学设计、学案，制作PPT课件，录好上课视频，资料要整理好并上交给组长）

③ 互研互磨：要求学员到基地校集中，分小组完成"一观一议一上"。（观看自研自磨录像视频两个样本平凡课和优质课，小组全体学员观课议课，所有学员均上微型课）

④ 集中研磨：学员到基地校集中，以班级为单位集中研磨，完成"一观一评一谈"。（观摩学员精品课，专家点评，学员谈学习心得）

⑤ 集中评选：专家点评后推选本班的合格课、优质课、精品课。

（4）辐射引领活动设计：以送培校为单位，两周内完成"三个一"任务。

① 组织一次分享活动。

② 组织一次完整的教学活动（公开课）。

③ 提供一套优质资源（教学设计3稿、课件、成长经历、优课视频、参培心得等）。

（5）学员成果展示：送教培训竞赛。

① 自创"情境+自创"问题竞赛。

在成果展示环节之前，我们布置所有学员就初中生物某个概念自创情境并自创问题，借此提高教师创设情境的能力和自创原题的能力，通过评比和相互学习，提高教师教学能力，更好地为今后的教学工作服务。

②根据教学情境自制教具竞赛。

我们布置所有学员就初中生物某个概念的教学情境（如染色体由DNA和蛋白质组成、基因在染色体上）进行自制教具，直观形象，加深学生对概念的理解，在成果展示环节，评出优秀自制教具。

③依据"两创四步"课堂教学模式编写校本课程。

附：

基于情境创设的"开花和结果"的教学设计

【教材分析】

"开花和结果"是人教版生物七年级上册第三单元第二章第三节内容，本章以被子植物为例讲述绿色植物的生命周期，从"种子的萌发"到"植株生长"再到"开花结果"，按被子植物的生长顺序，不仅揭示了植物体自身的结构和功能的关系，还体现了植物与环境的相互联系。本节课回应了前两节的内容，形成完整的知识体系，起到了承前启后的重要作用。

【设计思路】

基于生物学科从生活中来到生活中去的特点，我们农村学校教师可以以学生身边菜园里的植物来创设学习情境，课前组织学生到菜园里观察几种植物（如南瓜、丝瓜、辣椒、茄子等）的开花和结果情况，要求学生做好记录。课堂上小组合作观察自己采摘的几种花，归纳出花的基本结构；通过比较花与相应的果实的结构，思考花是如何形成果实的，通过播放视频"受精过程"，进一步帮助学生理解果实的形成过程。最后再创新情境，检查学生应用所学知识解决问题的能力。本节课通过课外活动、分组实验、演示实验、观看视频等让学生主动观察、分析、发现、参与教学活动的全过程，培养了学生的观察能力、分析能力、比较归纳能力、语言表达能力等科学思维能力及科学探究能力和爱护花草的社会责任感。

【教学目标】

依据课程标准和初中生物学科学业水平考试说明，并围绕培养学生学科核心素养的要求，我们制定了如下教学目标：

（1）通过课外观察，分组实验，解剖观察几种花，认识花的基本结构，培养了学生认真严谨的科学态度和科学探究能力。

（2）通过创设有效情境，设置问题串，小组合作交流，培养学生获取信息、比较归纳、逻辑思维等科学思维能力。

（3）通过观看视频和实物，理解开花和结果的过程，让学生认识到开花和结果是植物繁殖后代的一个生命周期，从而帮助学生形成科学、积极的价值观。培养学生爱护花木，保护环境的情感态度和社会责任感。

【教学过程】

教学前的准备

教师布置学生提前一周观察自家或学校附近菜园里几种植物的开花和结果情况并做好记录。课前分小组安排学生每个组从菜园里采集几朵花和几个果实，保持其完整性，作为课堂实验材料。教师准备百合花，这种花比较大，便于观察。教师准备分组实验用具，教师收集学生课外观察视频及"受精过程"视频并制作课件等。

课堂教学

（一）创设情境，导入新知

情境一：播放学生课外观察视频，视频内容为学生先认识菜园里几种植物（如南瓜、丝瓜、辣椒、茄子等）的花并说出它们的名字、颜色、大小以及相应果实的形状、颜色、大小等。教师对学生的表现给予评价和表扬，同时提出问题：这几种花的结构相同吗？它们有哪些结构？它们是如何形成果实的？引入新课内容。

设计意图：创设真实的生活情境，就地取材，通过学生对实物的观察，激发学生的学习兴趣，培养学生的观察能力，使学生初步认识花的种类、结构、果实的结构等。通过花是怎样形成果实的这个问题引发学生思考，开启学生的探究之旅。

（二）自主学习，学生质疑

（1）自主阅读课本103页到107页，圈出符合学习目标的关键性词语。

（2）完成学案上的"基础扫描"。

（3）在学案上，以提问的形式写下自学过程中产生的疑惑。（每人至少写出一个问题）

设计意图：让学生带着任务自学，培养学生的自学能力以及提问能力。

（三）任务驱动，合作探究

任务一：掌握花的结构

情境二：分组实验，观察花的结构。

教师将全班同学分成10个小组，每组4个同学，其中三个组观察百合花，三个组观察南瓜花，两个组观察辣椒花，两个组观察丝瓜花。注意：①时间10分钟。组内分工协作，一人负责解剖，一人负责剪贴，一人负责摆放，一人负责写名称并讲解。②使用刀片一定要注意安全。

实验用具：刀片、镊子、放大镜、剪刀、双面胶、白纸、百合花、南瓜花、丝瓜花、辣椒花等。

实验步骤：

（1）撕一撕：取一朵花，对照教材中桃花的基本结构图，按照从外到内的顺序，用镊子依次摘下花柄、花托、萼片、花瓣、雄蕊和雌蕊。

（2）看一看：注意观察它们的形状、颜色、数量及排列方式。

（3）剖一剖：用刀片将雌蕊的子房纵向剖开，用放大镜看看它的内部结构。

（4）捻一捻：用手将花药捻开，看看里面的花粉。

（5）贴一贴：将摘下的各部分用双面胶粘贴在白纸上。

（6）写一写：将各部分结构名称写下来。

实验结果：填写表格，每组学生将自己的观察结果填入下表，最后展示全班的实验结果。

实验结果记录表

花的名称	花柄	花托	萼片	花瓣	雌蕊	雄蕊
百合花						
丝瓜花						
南瓜花						
辣椒花						

分组讨论：

问题1：花的结构包括哪几部分？用概念图的形式表示出来。

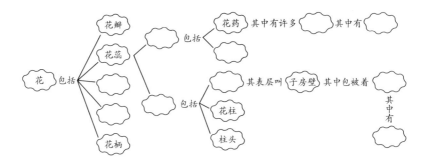

问题2：根据花的结构，花可以分为哪几种？（单性花，两性花）

问题3：对于植物繁衍后代来说，花的哪部分结构是最重要的？（花蕊）

设计意图：创设实验情境，实验材料根据季节就地取材，增加实验材料的多样性，比较几种实验材料，利用概念图的形式，归纳出花的基本结构，再设置问题串，激发学生思考，培养学生的观察能力、逻辑思维能力、科学探究能力等生物学科核心素养。

任务二：掌握果实的结构

情境三：演示实验。

教师解剖一个南瓜果实，引导学生认识果皮、果肉、种子、种皮、胚等结构，并提出以下问题引发学生思考：

问题1：南瓜果实由南瓜花的哪一部分发育而来？

问题2：每一朵南瓜花都能结南瓜果实吗？为什么？

问题3：为什么一个南瓜果实里有许多种子？

设计意图：创设演示实验情境，教师呈现一个南瓜果实，帮助学生认识果实的结构，并设置问题串，培养学生的科学思维能力。

任务三：理解传粉和受精过程

情境四：展示几张图片，引导学生观看几组有关传粉的图片，并根据图片思考如下问题。

问题1：什么是传粉？

问题2：传粉有哪几种类型？

设计意图：创设图片情境，通过视觉刺激，培养学生的观察能力、比较归纳能力和语言表达能力。

情境五：播放视频"受精过程"，引导学生思考如下问题。

问题1：什么是受精？你能简述受精过程吗？

问题2：说说南瓜果实的各部分分别由南瓜花的哪个结构发育而来，用连线的方式表示出来。

问题3：在植物开花季节，如果遇到阴雨连绵的天气，常会造成减产，这是什么原因？怎么补救？

设计意图：创设视频情境，通过图像和声音刺激，将难以理解的受精过程用视频方式呈现出来，使抽象的问题形象化，既激发了学生的兴趣，又便于学生理解概念，突破了本节课的难点。

（四）再创情境，迁移提升

情境六：小杰家来客人了，小杰妈妈要他到菜园里摘一些南瓜花做油炸南瓜花饼，小杰来到菜园，兴致勃勃地摘了一些南瓜花，回到家却遭到了妈妈的批评，弄得他一头雾水。请同学们对照下面花的结构简图，根据今天所学知识帮他解开困惑。

甲　　　　　　乙　　　　　　丙

问题1：小杰采到的南瓜花不可能是上图中的哪种花？请在该花的示意图中标注出花药和子房。

问题2：小杰采花回去，妈妈批评他不应该采摘上图中的哪种花？为什么？

设计意图：学习了本节内容后，再创新情境，并且做到情境贯穿，前后呼应，检测学生对知识的掌握情况及生活中解决问题的能力，使学生做到学以致用，同时培养学生爱护花草的社会责任感。

【教学反思】

课堂教学应努力达到首尾衔接自然、知识层层递进、前后呼应有序、浑然一体的境界。本案例通过活用教材、就地取材、创设有效情境、任务驱动、设置问题串，引导学生从情境中获取信息，提出问题，合作交流，最后创设新情境，检测学生应用所学知识解决问题的能力。这样的教学既能激发学生感受源于生物本身的魅力，引发学生深层次的学习兴趣，还能培养学生分析和解决问题的能力以及逻辑推理、比较归纳的思维方式。同时，本案例通过课外观察活动和课堂分组实验，培养学生的观察能力、动手能力、自主探究能力，使学生能做到学以致用，同时培养学生爱护花草的社会责任感。

"基于情境创设开展概念教学"主题解读

攸县初中物理工作坊送培团队全体成员

一、团队研讨，框定范围

物理概念教学是物理教学的基础，其目的是使学生掌握事物的物理属性或物理现象的本质特征。它一般包括以下三方面要求：①使学生了解物理概念的内涵，知道它的内容和含义；②使学生了解物理概念的外延，明确它的适用范围和条件；③使学生了解物理概念与相关概念的联系和区别。任何一门学科，如果没有一些概念作为分析、综合、判断、推理等逻辑思维的出发点，就不可能揭示这门学科的内容，形成科学的体系和结构，也就失去了它的价值。可以说，如果没有一系列概念作为基础，就无法形成物理学体系，如：如果没有电路、电流、电压、电阻、磁感应强度、电磁感应等一系列概念，就无法形成电磁学体系；如果没有光源、光线、实像、虚像等一系列概念，也就无法形成光学体系。

物理概念教学过程一般有三个阶段：①探索阶段，主要是对有关事物进行观察、分析、比较；②概念形成阶段，主要是在观察、分析、比较的基础上，认识概念所表达的事物的本质特征；③概念的应用阶段，即应用概念去分析具体问题，使概念得到深化和巩固。所以，在物理学习中，学生一定要掌握物理概念，因为掌握好物理概念是学好物理的关键。我们团队通过自身的教学实践认为，物理概念是物理基础知识中既不易教也不易学的内容。目前学生普遍感到物理难学，究其原因主要是对物理概念没有搞懂。另外，在教学中，教师往往由于不同程度地存在着只注重让学生多做练习题，而不注重让学生形成正确的物理概念及概念体系。概念不清，学生就会越学越难，何谈知识的灵活运用呢？因此，对学生来说，掌握好物理概念是学好物理的关键；对教师来说，把物理概念教好，是教好物理的关键。

基于以上一些原因，我们初步确定了"怎样优化物理概念教学"，并将其作为我们的研修主题。

二、问卷探路，聚焦主题

我们通过调研、问卷调查、座谈了解了教师在物理概念教学和学生在物理概念学习当中的问题。

（一）调查问卷的内容和结果

1. 你对物理感兴趣吗？

A. 非常感兴趣（24%）　　　　　　B. 感兴趣（62%）

C. 一般（14%）　　　　　　　　　D. 没兴趣（0%）

2. 你认为自己在日常生活中，对和物理有关的生活常识了解多少？

A. 非常多（15%）　　　　　　　　B. 较多（39%）

C. 一般（46%）　　　　　　　　　D. 很少（0%）

3. 你对电视或网络上出现的科技类的视频或文章感兴趣吗？

A. 非常感兴趣（19%）　　　　　　B. 感兴趣（41%）

C. 一般（40%）　　　　　　　　　D. 没兴趣（0%）

4. 你觉得学物理对你的生活有多大帮助？

A. 很大（30%）　　　　　　　　　B. 较大（52%）

C. 一般（18%）　　　　　　　　　D. 没有（0%）

5. 在科技艺术节中，你制作了多少件小制作或小发明？

A. 1件（49%）　　　　　　　　　B. 2件（24%）

C. 3件或更多（11%）　　　　　　D. 没做过（16%）

6. 你觉得物理难吗？

A. 很难（11%）　　　　　　　　　B. 较难（19%）

C. 一般（54%）　　　　　　　　　D. 不难（16%）

7. 在讲解物理概念时，你希望老师以什么样的方式讲授？

A. 照本宣读（0%）　　　　　　　B. 与实例进行类比（33%）

C. 课件与实例结合（67%）　　　　D. 无所谓（0%）

8. 你觉得物理概念重要吗？

A. 很重要（43%）　　　　　　　　B. 重要（54%）

C. 一般（3%）　　　　　　　　D. 不重要（0%）

9. 在以前的学习中，你是否注意到概念的重要性？

A. 注意到（84%）　　　　　　B. 没注意（16%）

10. 你觉得理解概念对下一步的学习或做题有帮助吗？

A. 有（89%）　　　　　　　　B. 一般（11%）

C. 没有（0%）　　　　　　　　D. 不知道（0%）

11. 你觉得老师用什么样的方式讲解概念，你才能更好地理解和记忆？

A. 老师直接讲（9%）　　　　　B. 小组讨论（10%）

C. 讲解与讨论相结合（81%）　　D. 自学（0%）

12. 你希望老师以什么样的方式引入概念教学？

A. 生活实例（40%）　　　　　　B. 直接讲（0%）

C. 多媒体课件（60%）　　　　　D. 课件与实例相结合（0%）

13. 对概念教学，你还对老师有哪些要求？

（二）教师概念教学中存在的问题

经过教师座谈和学生问卷，我们得出以下结论。

1. 教学对概念形成过程不够重视

教师在传授物理概念过程中以物理概念知识本位为主，忽略了对概念形成过程的讲解，导致在课程教学中"重结果"现象非常严重。大多数教师在课堂上讲解概念时，一般是直接给出物理概念，没有让学生感性地理解其获得的必要性，使部分学生无法理解物理概念的实质，所以，学生在后期学习中只能依靠死记硬背物理概念的内涵与外延。

2. 物理概念教学"二八"错位

物理概念讲授时间占课堂时间20%，而习题训练所花费时间却为80%。这种教学模式缩短了学生认知过程，虽然加快了教学进度，但忽略了学生思维能力的培养。对占80%基础内容用20%时间讲解，而对20%训练内容却花费80%时间。按照新课标要求，教师应精选学生终身学习必备的基础知识与技能，这种以练促内化的方式，并不能起到事半功倍的作用，教师更应让学生体验概念建立的过程。

3. 重知识灌输，轻能力培养

首先，教师不注重培养学生的实验能力。基于我国基本国情，学生人数一般多于实验仪器套数，这一矛盾在大多数学校不同程度地反映出来，加之部分教师认为做实验很不方便，不愿用实验法引入概念。

其次，教师不注重培养学生的创新思维。在我国，教师喜欢剖析复杂例题作为教学模式，学生则习惯于运用各种公式演算习题，这样的结果是，学生很好地培养了抽象、逻辑思维，但创新思维却无法得到很好的发展。

4. 重教学轻学生

教师在备课时常出现一个漏洞，即忽略对学生情况进行剖析。大量做题使学生没有足够时间进行自主剖析，这削减了学生的主观能动性。

5. 重结果轻过程

在概念教学上，教师习惯将重点放在知识讲授的结果上，而忽视概念产生、发展的过程。这种做法将阻碍教学质量的进一步提高，而且不利于培养学生的学习能力。

（三）学生在学习物理概念中存在问题

1. 记结论，不重理解

例如，学生在学习"弹力"内容时，只知道两物体接触且有形变是产生弹力，而不能很好地领会弹力本质，是由于施力物体形变面又要恢复，才对受力物产生力。

2. 以数学关系代替物理概念定义

虽然运用数学工具是解决物理问题很好的途径之一，但是物理学不完全等同于数学。学生在思考物理问题时容易将物理问题数学化，从而忽视了事物的物理事实。

3. 思维灵活性、敏捷性不强

学生普遍具有思维惰性，习惯找寻便捷公式套用法，而不积极、自主地剖析物理概念的真正含义，不能依据具体问题选择合适的方法。

概念教学同样是个广而泛的问题，为了使研修更能聚焦，我们最终确定的研修主题为"基于情境创设开展物理概念教学"。

三、三创情境，主题研修

"基于情境创设开展物理概念教学"这个主题可解读为：物理情境教学可以消除传统教学模式的弊端，使学生有明确的认知目标和在学习的过程中培养学习能力，创设情境教学，其本质在于有效引起学生的心理追求，激活思维，促进学习。初中物理教学过程是不断提出问题并以解决问题的方式得到新的知识。因此，物理概念教学情境的创设以一定的问题为主线，充分调动学生学习的积极性和主动性。我们研修时要求学员从以下三个方面创设情境去突破概念教学。

（一）基于物理实验创设概念教学情境

初中物理学习不仅要注重基础知识，更要注重学生的实验操作，教材也涉及比较多的相关实验，相较于学习理论知识，更多学生青睐做实验。但是如果教师在开展物理概念教学时，只是让学生反复背诵相关知识点，非常容易影响他们学习物理概念的兴趣，甚至会影响整体课堂教学的效率。所以，教师要结合教学目标以及学生的兴趣爱好，将概念教学与物理实验有效结合在一起，提升他们整体学习的效果。

（二）基于生活现象创设概念教学情境

生活是孕育一切知识的源泉，无论是物理学科的学习，还是其他学科的学习，生活是一切知识最终服务的对象，离开实际生活空谈教学，便失去了学习的本质，尤其是在初中物理课堂中学习相关的概念及规律，都要通过日常生活中实际现象的本质展开总结和概括。所以在展开物理概念教学时，教师可以借助所创设的生活情境去激发学生主动学习的兴趣，以达到最终教学目标。

（三）基于媒体设备创设概念教学情境

随着信息技术的高速发展，教育信息化进程也在快速地推进，当信息技术融入物理课堂教学时，可以为教师讲解概念提供强有力的支持。信息技术在激发学生学习兴趣的同时还能丰富教材内容，为提高整体教学效率发挥了极其重要的作用。所以，在开展物理概念教学课堂时，教师应该高效地借助多媒体设备，为学生创设一定的情境，帮助学生深化对物理概念的理解。

（执笔人：易唐云）

附：

"液体的压强"教学设计（三稿）

攸县网岭镇槚山中学 王经天

【教学准备】

素养目标	物理观念：通过观察实验，认识液体内部存在压强及液体内部各个方向均有压强；知道液体压强的大小跟什么因素有关。 科学思维：能熟练地运用液体压强的公式进行计算。 科学探究： （1）能联系生活实际，感知液体压强是一种客观存在。 （2）根据固体压强的概念，设计出证明液体压强存在的实验方法。 （3）会设计实验，探究液体内部的压强和哪些因素有关，定性关系如何。 （4）通过实例，帮助学生理解液体的压力和液体的重力之间的关系，并通过科学推理得到液体内部的压强和液体的密度及深度之间的定量关系。 科学态度与责任：在观察实验中，培养学生的科学态度，使学生能对学习过程中的知识和方法进行总结，并能梳理所学知识，学会反思，构建清晰的知识和方法体系
教学重点	1. 理解液体压强与液体深度及密度的关系。 2. 理解液体压强公式并能进行简单计算
教学难点	1. 定性探究影响液体内部压强的因素； 2. 引导学生建立物理模型，定量推导液体压强公式并能进行简单计算
教材分析	本节由"液体压强的特点""液体压强的大小""连通器"（本堂课不做研究）三部分内容构成。教材引导学生在通过实验定性研究液体压强特点的基础上，结合建立的物理模型进行分析，推导出液体压强跟液体深度及密度的定量关系。这种从定性到定量的认识过程，有助于深化学生对液体压强特点和大小的理解
学情分析	处于八年级下学期的学生对重力、液体流动性有一定的认识；通过第一节压强的学习，学生掌握了压强基本概念及计算公式；学生对控制变量法进行探究有一定了解
教法分析	通过情境的构建，用问题启发式教学来贯穿课堂，并以实验探究作为解决问题的主要途径。通过自制教具演示，帮助学生突破难点。在整个教学过程中，教师的主导作用体现为激发学生的学习兴趣，提出教学目标，组织学习过程，评价学习结果，因材施教，指导学生学会学习，培养他们的自我教育、自我评价能力等
学法分析	采用小组探究实验和小组讨论的学习方法，引导学生经历观察、猜想、实验操作验证、分析归纳等活动，培养学生尊重科学、尊重事实、严谨细致的科学态度，发展学生的动手操作、自主探究、合作交流和分析归纳的能力
教学资源	多媒体课件、液体压强深度演示仪、水（带颜色）、烧杯、侧壁和底部蒙有橡皮膜的塑料管两只、侧壁、底部和上壁蒙有透明胶的塑料瓶（开口接有长塑料管）、不同密度的液体（水、浓盐水、酒精等）、希沃授课助手等

【教学过程】

(一)情景导入 体验生成——感受液体内部压强及直观感受液体内部压强的特点

教学环节	教师活动	学生活动	设计意图
情景引入	展示图片并播放"蛟龙"号下潜视频	1. 问题：同学们在游泳时，游到深处感觉胸口有没有闷的感觉？为什么深海潜水服要比浅海潜水服更厚重些？ 2. 疑问：为什么"蛟龙"号要用高强度的材料制造？	让学生感受液体内部压强，激发学生探究的热情
新课学习：液体压强的存在及特点	液体压强的存在及特点 演示实验1：如图所示，把橡皮膜扎在两端开口的玻璃管的一端，通过橡皮膜的形变（凸出）程度来研究液体内部压强 没有水时，橡皮膜平坦　当倒入水后，橡皮膜向下凸出	问题：橡皮膜向下凸出，说明什么问题？ 结论：受到了水向下的压强，即液体内部有向下的压强	通过直观感知，培养学生观察实验现象，通过科学推理培养学生科学推理和总结归纳的能力
	演示实验2：如图所示，在装有红墨水的饮料瓶的四周侧壁上钻几个小孔，会发现水从这些小孔中喷射出来	问题：水从小孔喷射出说明什么问题？ 结论：液体对侧壁有压强	同上
	演示实验3：将底部和侧壁套有橡皮膜的空塑料瓶竖直压入水中，观察橡皮膜的变化情况。实验中竖直向下按压瓶子时，底部和侧壁的橡皮膜向瓶内凹 水	问题：瓶子底部和侧壁的橡皮膜向瓶内凹说明什么问题？ 结论：表明水对塑料瓶底部和侧壁都有压强	同上

教学环节	教师活动	学生活动	设计意图
新课学习：液体压强的存在及特点	演示实验4：如图所示，选取一柱状容器，在容器口插入胶管（或玻璃管），分别在容器的上表面、侧面和底部钻孔。先用胶带封住这些小孔，再将水沿管注入容器中，让水面高出容器口一段高度，同时扯下胶带，观察水喷射的情况 管子 胶带 孔 水	结论：水从底部流出，说明液体内部有向下的压强；水从容器侧壁的孔中喷出，说明液体对侧面有压强；容器上表面的孔中有水向上喷出，说明液体内部也有向上的压强	同上
	由以上实验，可知液体内部压强有什么特点？	液体内部存在压强且各个方向都有压强	培养学生的总结概括能力

（二）科学探究　结论生成——定性寻找影响液体内部压强的因素

教学环节	教师活动	学生活动	设计意图
新课学习：探究影响液体内部压强的因素	探究影响液体内部压强的因素 1. 猜想和假设 问题：液体压强的大小可能与哪些因素有关？	猜想1：液体内部的压强可能与深度有关？ 猜想2：液体内部的压强可能与液体的密度有关？ 猜想3：液体内部的压强可能与方向有关？	让学生知道探究性实验的一般处理方法——猜想和假设、实验验证、总结归纳
	2. 实验探究——实验验证 实验准备：展示和介绍U形管压强计的构造，播放视频——《U形管压强计的使用》		让学生学习实验的步骤

31

教学环节	教师活动	学生活动	设计意图
新课学习：探究影响液体内部压强的因素	①作用：测量液体内部压强的仪器。 ②构造：U形玻璃管（有红色水柱）、探头（表面扎有橡皮膜的塑料盒）、橡皮管等。 ③原理：放在液体里探头上的橡皮膜受到液体压强的作用会发生形变，U形管左右两侧液面会形成高度差，高度差的大小反映了橡皮膜所受的压强的大小。 ④播放视频——《U形管压强计的使用》		
	学生实验设计： （1）实验器材：U形管压强计、铁架台、透明深水槽、水、酒精、刻度尺等。 （2）实验装置（如图所示）		通过实验设计，培养学生科学推理能力
	（3）实验过程： ①保持U形管压强计探头在水中的深度不变；改变探头的方向，分别沿水平向上、沿竖直方向、沿水平向下，观察并记录U形管液面的高度差	1.学生动手实验。 2.观察实验现象：U形管液面的高度差 Δh 相等。 3.得出实验结论：同种液体内部同一深度，向各个方向的压强都相等	通过实验培养学生实验操作能力、科学探究能力、解释交流能力、总结归纳能力等

教学环节	教师活动	学生活动	设计意图
新课学习：探究影响液体内部压强的因素	②保持液体的种类不变（水）、探头在水中的方向不变（水平向下），逐渐增加探头在水中的深度，观察并记录U形管液面的高度差 	1.学生动手实验。 2.观察实验现象：U形管液面高度差 $\Delta h_1 <$ $\Delta h_2 < \Delta h_3$。 3.得出实验结论：同种液体内部压强，深度越深，压强越大	通过实验培养学生实验操作能力、科学探究能力、解释交流能力、总结归纳能力等
	③把压强计的探头分别放入水、酒精中，控制深度相同、探头所对某一方向不变，观察并记录U形管液面的高度差。 	1.学生动手实验。 2.观察实验现象：$\Delta h_水 > \Delta h_{酒精}$。 3.得出实验结论：深度相同时，液体密度越大，液体内部压强越大	通过实验培养学生实验操作能力、科学探究能力、解释交流能力、总结概括能力
	3.实验结论——总结归纳 ①在同一液体内的同一深度，各个方向的压强相等。 ②同种液体内部的压强随深度的增加而增大。 ③在深度相同处，液体的密度越大，压强越大		培养学生解释交流、总结概括能力
规律应用	教师：①潜水员下潜深度为什么会有限制？ 学生：因为同种液体中液体压强随深度增加而增大，人下潜越深，受到的海水压强越大，当外部海水压强远大于人体内部压强时，人会发生危险。 教师：②拦河坝截面为什么设计成上窄下宽的梯形？ 学生：因为同种液体中液体压强随深度增加而增大，因此在水下深度越深对坝体的液体压强越大，深度越深的地方需要修宽些以增加抗压能力。 教师：③为什么深海鱼类被捕捞上岸后会死亡？ 学生：带鱼等深海鱼类长期生活在深海当中，内脏器官适应了深海中巨大的压强。一旦离开海洋，由于外界压强的忽然降低，内脏器官会爆裂而导致死亡		源于生活，联系生活，培养学生的科学态度，使学生能对学习的过程、知识和方法进行总结梳理，学会反思和建模

（三）模型建构　科学推理——定量推导液体内部的压强规律

教学环节	教师活动	学生活动	设计意图
问题导入	通过上述实验探究，我们知道液体内部的压强与液体的密度和深度有关，那么液体内部压强与液体的密度和深度到底有怎样的定量关系呢？		科学导入，水到渠成
模型建构	设想：有一个水平放置的"平面"S。这个平面以上的液柱对平面的压力等于液柱所受的重力 		培养学生的模型建构能力
问题导向科学推理	问题导向： 计算液柱对"平面"S的压强。 ①液柱的体积V。 ②液柱的质量m。 ③液柱对平面的压力F。 ④平面S受到的压强p。 ⑤液面下深度为h处液体的压强p	科学推理： ①液柱的体积：$V=Sh$。 ②液柱的质量：$m=\rho V=\rho Sh$。 ③液柱对平面的压力：$F=G=mg=\rho Vg=\rho gSh$。 ④平面S受到的压强：$p=\dfrac{F}{S}=\dfrac{\rho gsh}{S}=\rho gh$。 ⑤液面下深度为h处液体的压强：$p=\rho gh$	培养学生科学推理能力、交流解析能力、总结概括能力
规律生成	根据$P=\rho gh$可知：液体内部压强只跟液体密度和深度有关，与液体的质量、体积、重力、容器的底面积、容器形状均无关		培养学生总结概括能力
解析交流	播放视频——《帕斯卡破桶实验》 帕斯卡在1648年做了一个著名的实验：他用一个密闭的装满水的木桶，在桶盖上插入一根细长的管子，从楼房的阳台上向细管子里灌水。结果只灌了几杯水，竟把桶压裂了。为什么？ 	学生分析：由于细管子的容积较小，几杯水灌进去，大大提高了水的深度h，能对水桶产生很大的压强。这个压强就对桶壁各个方向产生很大的压力，把桶压裂了	提高学生的物理学习兴趣，培养学生的科学态度

教学环节	教师活动	学生活动	设计意图
规律应用	如图所示，用隔板将容器分成左、右两部分，隔板下部有一个圆孔用薄橡皮膜封闭。当在容器左、右两部分注入不同深度的水时（水面位置如图中左右两边实线所示），橡皮膜发生了形变，形变情况是向＿＿＿＿侧凸起；产生这种现象的原因是＿＿＿＿ 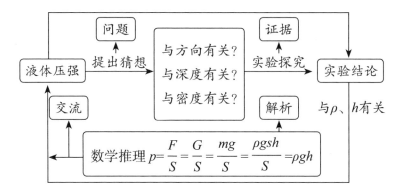 隔板　橡皮膜	解析：由图可知，到橡皮膜位置右侧水的深度比左侧水的深度小，橡皮膜向右凸起。根据$p=\rho gh$，因为水的密度相等，左侧水深，所以左侧水对橡皮膜的压强大，根据$F=pS$，因为受力面积相等，左侧水对橡皮膜的压强大，所以左侧水对橡皮膜的压力大，使得橡皮膜向右侧凸起	源于生活，联系生活，培养学生的科学态度，使学生能对学习过程中的必备知识和方法进行实践应用，提升学生科学思维能力

【板书设计】

构建体系——在总结中厘清脉络

科学探究

液体压强　提出猜想　问题　与方向有关？与深度有关？与密度有关？　实验探究　证据　实验结论

交流　解析　与ρ、h有关

数学推理$p=\dfrac{F}{S}=\dfrac{G}{S}=\dfrac{mg}{S}=\dfrac{\rho gSh}{S}=\rho gh$

科学推理

幼儿园班级大型主题表演游戏活动的
设计与组织

——"国培计划"（2021）攸县幼儿教师工作坊（C0613）主题解读

攸县直属机关幼儿园　董　宜

一、主题的确定依据

（一）政策有导向

《3—6岁儿童学习与发展指南》《幼儿园教育指导纲要》及现在所有的政策文件都强调幼儿园应该以游戏为主要活动，强调直接感知、亲身体验、实际操作。

（二）表演游戏有价值

表演游戏能促进幼儿的观察力和思维能力的提高，丰富幼儿的想象力和创造力，锻炼幼儿的人际交往能力、合作能力和语言表达能力，培养幼儿良好的行为习惯，促进幼儿审美能力的发展。

（三）教师有需求

通过问卷调查，我们发现在表演游戏开展中大家遇到的困惑有很多，其中最大的困惑有：不清楚具体的活动流程，不知道如何设计和组织，对于表演游戏用到的表演材料不知道怎么去筹备，不知道怎样指导孩子将文学作品进行"二度创作"，不知道怎样提高孩子的表演技能……可以说，怎样让表演游戏发挥应有的教育价值，一直是大家教学中的瓶颈，教师需要这方面的理论和实践。

结合今年湖南省市县将举行主题表演游戏教研的契机，我们团队确定了今年的工作坊研修主题：幼儿园班级大型主题表演游戏活动的设计与组织。

"国培计划"（2021）攸县幼儿教师工作坊（C0613）研修项目学科主题确定过程表

学科		学前教育
主题		幼儿园班级大型主题表演游戏活动的设计与组织
第一次	主题	幼儿园主题表演游戏的开展与实施
	课标理论依据	"以游戏为基本活动"是《幼儿园工作规程》《幼儿园教育指导纲要（试行）》的一致要求，表演游戏是幼儿最喜欢的创造性游戏之一，在主题背景下开展实施表演游戏能进一步丰富幼儿的人际交往能力、语言表达能力、想象力和创造力
	教学实践依据（幼儿）	在主题背景下的课程实践中，幼儿特别喜欢玩由主题而引发的表演游戏，在游戏中乐此不疲，同时更能增强对表演角色的认知
	教师发展依据（教师）	2021年已组织教师进行相关的理论知识培训，教师对"主题表演游戏的开展实施"有初步了解，但在实践中，大家也出现了很多瓶颈，需要通过培训进行实操指导来解决
	参与人员	董　宜　朱桂香　谭　黎　肖菊妮　肖　敏　曾　洁
第二次	主题	幼儿园班级大型主题表演游戏的开展与实施
	课标理论依据	依据"新多元"资源包相关理论及《3—6岁儿童学习发展指南》，在游戏中要体现幼儿分工合作的能力，全班幼儿要一起合作产生游戏主题，设计搭建表演场景，分工讨论，合作完成主题表演游戏，于是将主题改为：幼儿园班级大型主题表演游戏的开展与实施
	教学实践依据（幼儿）	在表演区游戏中，幼儿主题意识不强，合作表演意识不强，没有统一完成表演的意识
	教师发展依据（教师）	在主题表演游戏中，因为空间材料不足，教师在实践中实施班级大型主题表演游戏的难度很大，所以开展不正常
	参与人员	董　宜　朱桂香　谭　黎　肖菊妮　肖　敏　曾　洁
第三次	主题	幼儿园班级大型主题表演游戏活动的设计与组织
	课标理论依据	第二次的主题范围太大，"活动的设计与组织"题目范围具体一些
	教学实践依据（幼儿）	幼儿对表演角色的感知、表演能力的提升等，有待教师在活动中有目的、有计划地进行引导
	教师发展依据（教师）	教师对活动的设计与组织存在很多困惑，特别是对设计的框架和原则、组织中材料的投放、教师的观察与指导存在很多困惑
	参与人员	董　宜　朱桂香　谭　黎　肖菊妮　肖　敏　曾　洁

二、主题的解读

那什么是班级大型主题表演游戏活动呢？就是在主题课程背景下，幼儿基于兴趣或在教师引导下自定表演主题，以班集体为单位，以一定的童话、故事、主题作品等为依托，借助想象、道具和材料等，通过语言、动作、神情、皮影、木偶等对作品内容进行创造性表现的游戏。

三、主题表演游戏活动的教学模式

（一）谈话导入，回顾游戏，明确游戏计划及任务

（二）自主游戏，教师观察游戏行为，适时介入指导

（1）幼儿自主装扮，开展游戏，教师巡回观察重点。

（2）根据幼儿游戏需要交换角色，再次游戏。

（三）师幼交流，相互评价，分享经验

（1）通过提问分享游戏体验。

（2）出示照片或视频，分析游戏情况。

（3）总结游戏经验，延伸生活经验。

（四）收拾材料，整理场地，结束游戏

（略）

四、培训目标

（1）深入研习"表演游戏"设计与组织的教学理论体系，更新教育理念，树立创新思想，帮助教师进一步明确表演游戏的发展方向。

（2）掌握班级大型主题表演游戏活动中教师的组织指导策略，提升教师的文学素养、游戏组织能力和研讨能力。

（3）通过在全县铺开主题表演游戏教研活动，激发各园所幼儿对文学作品的兴趣，提高幼儿的表演技能。

（4）对新教师、青年教师、骨干教师三类教师分别制定不同的层级目标。

新教师： 掌握班级大型主题表演游戏活动的主要组织策略，能根据活动模式流程有条不紊地组织，学习观察记录幼儿的游戏情况，能积极参与游戏教研活动。

青年教师：能独立根据主题设计组织班级大型表演游戏活动，根据幼儿的游戏情况进行观察并分析，在游戏教研活动中能大胆分享自己的见解。

骨干教师：能在集体中展示一次优秀的班级主题表演游戏活动，在游戏中能有计划、有目的地观察幼儿的游戏情况，并采取科学合理的支持策略，学习主持一次以表演游戏为主题的园本教研活动。

五、具体任务

所有学员要根据研修方案拟订一份个人研修成长计划，既要积极认真地参与线上的研修课程学习、问题答疑、沙龙研讨、作业撰写等活动，严格按照要求进行个人研磨和小组研磨，又要积极参与线下的示范课观摩、小组研讨、学员课展示、同伴互助、互研互磨等多形式的研修活动，并将集中研修的任务带到自己园所的日常教学中去，结合自己园所的园本教研认真开展教师工作坊研修，让研修成为常态。

六、课程设置

（一）课程设置原则

本次工作坊的课程设置紧紧围绕主题"幼儿园班级大型主题表演游戏活动的设计与组织"，理论与实践相结合，并包含师德修养、心理健康、信息素养、专业素养、育人目标等多个领域，具有针对性、多维度、结构化等特点。

（二）线上线下各阶段课程安排

线上活动积极互动：线上课程"听—观—提—议—评—用—推"七步走，我们主要以任务驱动来确保研修主题的落实，安排了三次主题研修活动、三次沙龙研讨和三次研修作业。

1. 线上三次主题研修活动

第一次研修活动主题："幼儿园班级大型主题表演游戏的活动设计"

活动分四步：①通过推荐好书共读的形式，教师进行自我专业理论学习，探究怎样进行幼儿园大型主题表演游戏的活动设计。②观摩示范课例，教师谈谈自己的观课感受，并根据自学的理论知识，梳理表演游戏的活动流程。③归纳总结幼儿园班级大型主题表演游戏活动设计的要点。④教师上传自己设计的表演游戏活动教案，并进行说课。

第一次线上主题研修活动方案

一、研修目标

（1）通过学习表演游戏的相关理论知识，了解表演游戏活动的概念、特点及组织原则。

（2）通过线上浏览资源、观摩课例，尝试梳理归纳出幼儿园表演游戏活动的教学模式。

（3）通过线上共同研讨，营造开放、愉悦的教研氛围，增进大家的交流。

二、研修内容

学习主题表演游戏相关理论，观摩示范课例，撰写观课随笔，学习表演游戏理论知识，梳理归纳表演游戏目标、准备、过程的设计策略，学习制订规范的游戏活动计划。

三、研修安排

本研修包括四个步骤：①学习理论，写心得。②观摩课例写随笔。③根据案例，梳理归纳目标设计、准备设计、过程设计的策略。④展示自己的设计成果。

四、研修要求

（1）活动前做好相关准备工作，按时参加线上研讨。

（2）积极参加互动，大胆发表见解，人人参与互动，每人不少于4次，要求内容原创，严禁复制粘贴。

（3）认真撰写观课随笔，要求在250字以上。

（4）9月份完成作业：根据自己班级实际，自定主题，制定表演游戏活动教学设计。

（5）9月份完成沙龙，要求根据主题，梳理自己园所开展表演游戏活动的经验与困惑，积极发言，每人不少于4次回复，还可以相互点赞。

活动总结

2021年9月17日至10月17日，为期一个月的线上研修活动已告一段落，我们通过学习理论—观摩课例—梳理策略—成果展示四个环节，带领学员学习主题表演游戏相关理论，观摩示范课例，撰写观课随笔，梳理归纳表演游戏目标、准备、过程的设计策略，学习制订规范的游戏活动计划。全期共收集文章189篇、资源90篇、视频75个、回复187条。下面，我对本次研修情况做一个简单的小结：

一、明晰概念，认识其主要特征

学员认真查阅了幼儿园班级大型主题表演游戏活动的基本概念，在研讨中，大家具体明晰了表演游戏和角色游戏的区别，表演游戏和故事表演的区别，表演游戏和表演区域活动的区别，知道表演游戏具有表演性、游戏性和创造性的特点。它是游戏性与表演性的统一，具有创造性、情节性、艺术性的幼儿自娱自乐的游戏活动。在游戏中，幼儿搭、扮、调、演、观……与表演内容深度互动，在装扮表演中体验真善美。在具体实施时，幼儿自定主题、自选角色、自制材料、自主表演、自由交流、自觉整理……释放天性的同时，也学会了倾听、观察、模仿、表现、想象、创造……变得更加大胆和自信。

二、观摩课例，理解其设计策略

通过坊主推课，学员在平台上观摩了导师肖敏老师组织的示范活动案例——大班表演游戏活动《白雪公主》，大家对表演游戏的活动流程有了一个比较清晰的认识。在观课随笔中，大家对展示的活动给予了高度的评价，也谈了自己对表演游戏活动的认识，还有些学员针对活动提出了自己的一些困惑和见解，有些学员还查阅资料，上传了关于主题表演游戏活动设计组织策略的资源。对于表演游戏活动的组织流程，大家根据自己观摩的活动、查阅的资料，进行归纳汇总。大家相互学习，共同成长。

活动流程：

（1）谈话导入，尝试自主塑造角色动作语言，回顾角色选择。

（2）自主游戏，教师观察游戏行为，适时介入指导。

（3）评价游戏，分享经验。

（4）收拾材料，整理场地，结束游戏。

三、展示成果，上传其活动设计

学员们根据表演游戏活动设计策略（目标设计、准备设计、过程设计），根据故事《猪小弟找朋友》设计表演游戏活动，并上传了自己设计的活动教案。在学员们自己设计的教案中，我们发现学员们都能认真根据格式进行撰写，目标设计能体现情感态度、能力及知识技能三个方面，准备设计能体现经验准备和场地准备，过程设计能体现游戏前、游戏中和游戏后三个环节，教师的提问体现了本次游戏活动的特点。

通过为期一个月的研修，大家对主题表演游戏活动的理论知识有了比较清晰的认识，基本能参考优秀的范例撰写格式规范的班级大型主题表演游戏活动教案。

第二次研修活动主题为"实战研磨：幼儿园班级大型主题表演游戏活动的设计与组织"

活动分四个步骤：①理论回顾，梳理表演游戏活动模式。②自研自磨（"三上两改一议"），园所自我实践。③互研互磨，小组议课改课。④集中研磨，打造精品活动。此次研修活动线上线下同步进行，通过自研自磨、专家点评、示范教学、观课议课、同课异构、互研互磨、精品课推优等环节，让学员从理论学习回到实践体验，从示范教学再到实践总结提升，从而掌握幼儿园班级大型表演游戏活动的设计与组织策略。

第二次线上主题研修活动方案

一、研修目标

（1）学员进一步学习梳理幼儿园班级大型主题表演游戏设计与组织的相关理论知识。

（2）学员通过自研自磨、互研互磨、集体研磨，了解掌握设计与组织表演游戏活动的策略。

（3）学员通过微课、说课反思、议课改课等环节，进一步营造游戏研讨氛围，提升研讨能力。

二、研修内容

（1）理论回顾，梳理教学模式。（上传相关理论知识，大家梳理其教学模式）

（2）自研自磨，园所自我实践。（学员在自己园所实践，进行"两上一改一议"，上传片段视频、文学作品资源、教学活动设计一稿和二稿）

（3）互研互磨，小组议课改课。（以小组为单位，学员上8分钟微课，说课反思，小组议课改课，专业引领）

（4）集中研磨，打造精品活动。（观摩导师示范活动视频、学员优秀活动视频，大家进行观课、议课，进一步优化活动）

三、研修要求

（1）每个学员严格按要求及时间节点完成自研自磨、互研互磨、集体研磨，并及时上传研修任务。

（2）研修硬性要求：本次活动每个学员需回复40条以上（每个步骤10条以上），文章（教学活动设计一稿二稿三稿、说课反思、理论梳理）5个以上，视频（两次活动的游戏片段、说课反思、微课）5个以上，资源（文学作品剧本、观课议课记录、组织游戏活动剪影）5个以上。活动结束将根据大家参加活动和上传作业的情况进行评分。

（3）除理论梳理、优秀活动视频外，其他上传的资料必须为学员原创，严禁下载抄袭。

四、考核标准

本活动总分为5分，上传资源、文章、视频另外计分，我们将根据上传的资料进行评议，推出部分优秀的资源。

活动总结

10月19日至11月8日，我们进行了第二次线上研修活动，研修活动的主题为"实战研磨：幼儿园班级大型主题表演游戏活动的设计组织"。通过理论梳理、自研自磨、互研互磨、集体研磨四个环节的研修，学员们进一步了解掌握了设计与组织表演游戏活动的策略，设计与组织活动、说课反思的能力有了很大的提升。大家能积极上传各种资源，发表自己的不同见解。本次活动共收集文章416篇、资源368篇、视频259个、回复171条，被省教师工作坊研修社区推荐为"优秀研修活动"。下面，我就以下四个方面对本次研修活动进行总结。

一、回顾理论，梳理教学模式

为让学员进一步了解表演游戏活动的相关理论知识，坊主上传了相关理论知识，并通过坊主推课上传优秀的表演游戏活动。大家认真学习理论，观摩优秀的示范活动视频，发表自己对表演游戏活动的认识，并通过各种渠道收集上传相关理论知识资源。通过在线上的相互分享，共同学习，大家对表演游戏活动的教学模式进行了归纳和梳理：①导入环节；②自主游戏，装扮搭建，自主表演；③小结评价环节，提出游戏的改进建议；④收拾整理材料。

二、自研自磨，园所自我实践

掌握一定的表演游戏设计组织理论知识后，学员们开始在自己所在的园所进行表演游戏实践。大家克服种种困难，通过各种方式收集各种材料，选择班级幼儿喜欢的文学作品，引导幼儿进行"二度创作"，让幼儿自主选择角色，自主选择材料进行角色装扮和背景搭建，进行自主表演。在导师的线上指导下，学员们通过"三上三观三议"，不断优化教学设计和组织策略，并上传自己的教学设计（一稿、二稿、三稿）和活动视频。大家在线上互相观摩、互相交流、共同提升。

三、互研互磨，小组议课改课

原计划我们通过线上、线下同步进行的方式组织大家分组研课磨课，因疫情，我们的线下研修延期举行，学员通过线上微课、说课反思，大家相互观摩，提出自己的评价及建议。每个学员都能在家认真录课，撰写说课反思，制作精美的PPT。大家的微课视频也充分展现了敬业态度，微课内容反映了游戏的材料场地准备、活动中的三环节及幼儿自主装扮、自主表演的游戏过程。在学员们的微课视频中，我们看到孩子非常喜欢表演游戏，在游戏中能认真装扮，大胆表演。在说课反思中，大家能根据规范的格式进行说课，有理有据，反思到位。

四、集体研磨，打造精品活动

为进一步让学员们掌握设计与组织的策略，我通过坊主推课推出了导师示范活动、两个学员的优秀活动，大家运用工具单认真观摩优秀活动，撰写观课随笔，填写观课记录，提炼优秀活动的亮点，进一步提出优化建议。本环节大家互动非常积极，能大胆发表自己的观点，观课随笔非常详细，观课笔记客观精准，能根据表演游戏的组织策略提炼亮点和不足。

本次研修活动有理论知识的梳理，有具体的实操练习，更有大家思想的碰撞，大家相互交流，相互学习，在导师的指导下积极参与研讨，尤其是第四小组参与最为积极，学员陈小丽上传资源最多（56个），罗艳飞获得15次资源推优。全班学员设计与组织表演游戏活动的能力和研讨与学习的能力大有提升。

第三次研修活动主题："幼儿园大型主题表演游戏活动中教师的观察与指导"

活动分三步：①梳理相关游戏观察指导的理论知识。②教师观摩案例，根据工具单观察记录幼儿的游戏行为，分析幼儿的游戏行为和教师的支持策略。③根据自己的教育实践，撰写表演游戏案例，并进行分享。

第三次线上主题研修活动方案

一、研修目标

（1）通过理论梳理、实操练习、成果展示三个环节，学员们了解了幼儿园大型主题表演游戏活动中教师观察与指导的策略，学习怎样观察、了解、支持幼儿的游戏行为。

（2）学员线上相互分享，相互学习，相互帮助，共同成长，营造宽松愉快的学习氛围。

（3）学习怎样进行游戏观察记录，怎样撰写游戏故事案例，提升学员的观察指导能力和专业游戏理论水平。

二、研修内容

（1）理论梳理（识记），坊主上传幼儿园表演游戏观察指导的相关理论知识，大家认真学习，并上传相关游戏理论知识。

（2）实操练习（实践），学员观摩一个活动案例，根据工具单观察幼儿的游戏情况并进行记录，分析幼儿的游戏行为和教师的支持策略。

（3）成果展示（应用），学员根据自己的园所游戏实践，参考第二次线下集中研修活动中专家的案例分享格式，撰写表演游戏案例并进行上传（1000字以上，包括游戏名称或故事名称、游戏背景、游戏过程、案例分析、启示与反思等内容），线下进行小组案例分享，每组推出一个优秀案例进行展示。

三、研修要求

（1）学员要求严格按时间节点和步骤完成各项研修任务，严禁抄袭或下载。

（2）要求相互交流，有评论、有回复，并积极为同伴点赞。

（3）游戏案例要求是自己在游戏实践中发生的事情，记录幼儿的行为表现及自己的所思所想。

活动总结

在教师们的研修沙龙中，大家都谈到对游戏中教师怎样观察幼儿的游戏，怎样解读幼儿的游戏，怎样指导幼儿的游戏有着共同的困惑，不知道该放手还是该介入，何时介入是最好的时机，教师在游戏中不知何去何从。针对教师在园所游戏实践中的共同困惑，我们设计了这次线上研修活动——"幼儿园班级大型主题表演游戏中教师的观察与指导"，旨在通过理论梳理、实操练习、成果展示三个环节，让教师了解怎样观察幼儿，支持幼儿的游戏。通过为期一个多月的线上研修，教师的游戏观念有了很大转变，观察指导能力有了明显提升。现将本次研修活动总结如下。

一、理论梳理，资源共享

从理论出发，坊主上传关于游戏观察、指导的相关理论知识，如观察的方法、观察记录的方式、游戏指导的策略等。学员在认真学习理论的基础上，通过各种途径（网上资源、游戏书籍、专家讲座的PPT）进行自学，并将学习资源分享到平台上，共享关于游戏观察指导的各种文献知识，对游戏观察指导的理论进行一个系统专业的梳理，也切实转变了教师的游戏观。

二、实操练习，践行理论

在实操练习环节，我们通过坊主推课提供了一个游戏案例：大班表演游戏——《月亮船》。大家通过教师提供的工具单，用"白描"的形式进行游戏观察，并进行详细记录，新教师观察记录幼儿的行为就可以，青年教师解读幼儿的游戏行为，而骨干教师需要对教师的指导策略进行评价。分层的形式照顾到了各层教师的不同游戏指导水平，大家都能完成自己的观察任务，并有自己的所思所想，有自己对幼儿游戏行为的分析，更有对观察指导的领悟。通过这次实操，我也看到了教师学习的认真、记录的翔实、分析的透彻。

三、撰写案例，展示成果

在教师对游戏的观察、解读幼儿的行为有一定基础后，为了进一步提升教师的游戏指导能力，我要求教师针对园所游戏实践中游戏的开展情况撰写表演游戏案例，并进行案例分享，推选优秀的案例在全班进行展示。之前，在观摩了市专家团队的游戏案例分享后，教师对游戏案例的格式和撰写方法有了一个初步的了解。从线下各小组的分享情况来看，新教师组能根据案例分享的格式进行阐述，青年教师能大胆阐述自己游戏开展的情况，自己的一些领悟和反思，而骨干教师组大部分能以问题为导向，能叙述自己班游戏的开展情况，并能将理论联系实践进行深刻反思。通过这次分享，我们也看到了教师对表演游戏的深刻理解，更看到了教师辛勤付出后的巨大进步，看到了大家的自信，更看到了每位教师的成长。

本次研修活动一共收到了文章200篇、视频66个、资源158个。大家能积极上传资源，按时完成各项作业，特别是最后的案例分享更看到了大家的努力和成长。

2.线上三次研修沙龙

沙龙话题一：谈谈自己在平时的教育实践中组织表演游戏的经验和困惑。

沙龙话题二：基于班级大型主题表演游戏活动的选材、活动的设计、活动的准备、活动的组织四个维度来谈谈自己的一些思考或困惑。

沙龙话题三：基于文学作品的二度创作及幼儿表演技能的提升进行畅谈。

3.线上三次研修作业

作业之一：根据故事《猪小弟找朋友》进行班级大型主题表演游戏活动的设计。

作业之二：各组根据工具单从不同侧面观摩活动——《野猫的城市》，并认真填写工具单。

作业之三：观摩导师示范课，进行微课磨课，五组根据工具单从不同侧面进行观摩记录。

线下活动充实丰满：线下课程"研—改—议—展"四部曲，即课例研究促内化，反复改课找办法，深度探讨定标准，成果展示激活力。

第二、三次线下集中研修活动方案

一、活动主题

围绕研修主题开展示范教学、研课磨课、专题讲座并推选精品课。

二、活动时间

2021年11月20—21日

三、活动地点

攸县直属机关幼儿园

四、活动目标

（1）通过示范教学、专题讲座，学员掌握设计与组织幼儿园班级大型主题表演游戏活动的策略。

（2）通过研课磨课、上微课和专家的现场指导，进一步掌握班级大型主题表演游戏活动的组织策略。

（3）以现场听取专家的讲座为切入点，学员不断更新自己的教育教学理念，提升组织游戏活动的能力。

五、活动内容及时间安排

日期	时间段	活动内容	授课专家（教师）	类别	单位	活动地点
第二次线下集中研修（11月20日）	8：00—8：30	签到	谭黎	—	机关幼儿园	机关幼儿园四楼会议室
	8：30—10：30	幼儿园班级大型主题表演游戏活动的设计与组织	肖英	讲座	芦淞教育幼稚园	
	10：40—11：40	表演游戏案例分享	赖丹丽周畅	案例分析		

续 表

日期	时间段		活动内容	授课专家（教师）	类别	单位	活动地点
第二次线下集中研修（11月20日）	下午	14：30—15：10	示范课观摩	曾 洁 肖 敏	观课	机关幼儿园	机关幼儿园四楼会议室
		15：20—16：30	说课反思，案例研讨 表演游戏的组织策略	董 宜 谭 黎	教研		
第三次线下集中研修（11月21日）	上午	8：00—8：30	学员签到	谭 黎	—		—
		8：30—9：00	学员分享	学 员	—		机关幼儿园四楼会议室
		9：00—11：40	学员分组，个人微课展示	微课	—		各组导师主持
			说课、议课，推荐本组发言人	议课	—		
	下午	14：00—14：10	课前互动	学 员	—	—	机关幼儿园四楼会议室
		14：20—16：00	观看学员优秀视频（一）（二）	坊内学员	观课	—	
			学员说课反思	坊内学员	—	—	
			案例研讨《游戏的观察和指导》	朱桂香 肖菊妮	教研	机关幼儿园	
		16：30—16：50	坊主总结	董 宜	—		
		16：50—17：00	布置研修任务	肖菊妮	—		
11月24日后	学员根据集中研修所学进行教学活动设计修改						

六、工作准备事项

（一）项目组工作具体安排

（1）活动通知安排、方案制订：董宜。

（2）学员签到表、资料的收集整理：谭黎。

（3）拍照，美篇、简报制作：曾洁、肖敏。

（4）住宿统计：朱桂香。

（5）主持：董宜（11月20日上午）、谭黎（11月20日下午）、曾洁（11月21日下午）。

（6）11月21日上午为研课磨课环节，导师到各组进行主持，并进行专业引领。

各组主持人——

新教师组：朱桂香、曾洁。

青年教师组：肖菊妮、谭黎。

骨干教师组：董宜、肖敏。

（二）基地校工作具体安排

（1）活动统筹：吕东、董宜。

（2）座位打印、张贴：2人。

（3）摄像及多媒体：1人。

（4）会场准备、宣传报道：谭黎。

（5）茶水供应：2人。

（6）安保、车辆、疫情防控（查验健康码、测量体温）：2人。

（7）礼仪接待、引导、卫生打扫：（待定）。

（8）物资采购、摆放：（待定）。

（9）就餐安排：朱桂香。

（10）教学联络：肖菊妮。

（11）工作督查：董宜、洪樱。

（三）学员注意事项

（1）需要住宿的教师请在11月19日前上报，以便安排。

（2）学员10月12日至10月22日在自己园所进行研课磨课，导师分到每个小组中进行线上指导，要求如下。

① 研课、磨课分三组进行，流程为：每位教师选好游戏活动内容，思考目

标、准备、流程的设计；各小组进行研磨，研讨活动设计，执教教师修改游戏活动方案；上课、观课评课、录制视频；执教教师改课、上课、录制视频。

②学员准备说课反思稿。（微课后，执教教师应对组织的游戏活动进行说课）说课稿应包括如下内容：教学设计及设计的理由，确定了哪些游戏目标，为达成此目标采用了哪些策略和方法，活动成功、不足之处及原因，解决的办法与策略，理性思考等。

③线上积极互动。学员参与线上研修活动，完成研修作业，积极上传活动设计和微课说课视频及其他资源。

（3）学员微课：①流程：每人十分钟，小组内展示；②小组议课、评课，学员改课；③各组推出一堂优秀课例进行展示；④学员优秀课例评选。

（4）所有学员要认真听课、观课、议课；各组组长要安排专人记录并收集观课议课记录表（或指定资料收集员和另一名教师专门记录），并整理总结。各小组继续落实美篇和简报的制作。

（四）项目校注意事项

（1）10月12日至10月23日，学员所在辖区学校督促各园所落实研课磨课活动，认真组织并指导学员完成研课磨课任务（"两上一议一改"），上传研课、磨课场景照片及视频。

（2）各园所开展表演游戏教研活动，学员在各组导师的线上指导下进行集体备课，各组导师对学员组织的游戏活动进行听课、评课、改课。

（3）各园所活动结束后整理相关过程性资料，如"两上一议一改"教学设计、导师指导记录、游戏案例分析、研讨方案及记录。

（五）导师注意事项

（1）各导师线上指导各组学员开展主题表演游戏活动，对学员组织的活动做出优化修改的建议。

（2）进行"两上一议一改"，对推出的优秀活动进行精品课打磨。

（3）当天主持学员进行微课说课、反思、议课、改课，并针对学员的困惑或共性问题进行专业引领。

（4）对学员进行分层（新教师组、青年教师组、骨干教师组）研磨：不同层次要求不同，新教师做到教案规范，流程清晰，幼儿活动情绪高；青年教师做到环节紧凑，游戏常规好，目标达成度高；骨干教师做到环节把握游刃有余，教师观察指导有效到位，幼儿做到充分自主。

七、成果预设

（1）相应的过程性资料（讲座课件，导师学员教案、活动视频及说课反思，学员微课设计及视频，两次线下研讨活动的方案、课件、研讨记录及学员观课议课记录表，学员分享资料）。

（2）整理推优成果性资料（优秀表演游戏活动设计，优秀学习心得，优秀改编剧本集，优秀游戏观察记录，优秀活动实录等）。

4. 成果展示

为切实做好"国培计划"（2021）——攸县幼儿教师工作坊整校推进研修项目（C0613）总结提升环节组织实施工作，全面提升培训质量，切实凸显本次研修的成果特色，根据上级文件精神，特制订相应方案。

5. 辐射引领

组长落实好"三个一"，保证质量：成长经历分享、完整的教学活动、一套优质资源。

后期导师关注并指导学员所在园所主题建构游戏的开展，指导学员所在园所开展建构游戏的教研活动（学员提供园所建构游戏环境、活动照片），并以全县幼儿园建构游戏比赛为契机，以点带面辐射全县所有幼儿园。

"国培计划"（2019）攸县送教培训特殊教育学科成果展示方案

根据"国培计划"（2019）攸县送教培训的要求，结合"国培计划"（2019）攸县送教培训特殊教育学科实施方案以及在"痉挛型脑瘫学生动作康复训练策略"主题培训操作过程中前几个阶段（示范引领、自研自磨、互研互磨、集中研磨）的具体情况，制订本阶段的实施方案。

一、展示目的

（1）通过精品课展示以及微课例、微案例、微故事、微报告、情景剧等方式，展示课堂教学改进和研修变化的成果。

（2）通过成果展示进行点评分析，总结经验，指明方向，从而使全体学员掌握动作康复训练设计的种类、意义、方法，掌握动作训练课堂教学中动作设计标准，以标准为准绳进行课堂教学，进而提升问题设计能力。

二、展示主题

提高教师在痉挛型脑瘫学生动作康复课堂教学中的动作设计能力。

三、展示目标

（一）总目标
点评分析、验收成果、指明方向、提高能力。

（二）具体目标
（1）展示特殊教育学科国培情况，增强责任感、使命感。

（2）掌握动作康复训练教学设计要求，反思课堂教学。

（3）掌握动作康复教学理论，提高课堂问题设计能力。

四、展示对象

全县特殊教育学科国培学员，共45人。

五、培训内容

本次培训内容主要由成果展示模块构成。

（一）模块目标

通过前阶段的示范教学、研课磨课的培训打磨，学员能够了解并掌握动作设计的要求，进而反思课堂教学，提高课堂问题设计能力。

（二）模块内容

模块内容主要有关于"痉挛型脑瘫学生动作康复训练策略"主题下的精品课展示、点评反刍；微故事、微课例、微案例、微报告、情景剧、教学反思等多种形式的展示。

六、展示方式

本次培训采用学员展示反刍、专家点评总结等方式，以保证培训目标的实现。具体如下：

（1）精品课展示验收打磨成果。

（2）小组多种形式展示培训成果。

（3）培训团队点评分析总结，指明方向。

七、培训安排

本次培训阶段集中研修2天。（具体见下表）

培训安排表

日期	时间段		活动内容	负责人	活动地点
成果展示 11月8日	上午	8：00—8：30	报到	刘力华	攸县特校
		8：30—12：00	个人学习成果展示 （人人要展示）	小组长	
	下午	14：00—16：30	小组团队成果展	刘力华	
		16：40—17：00	当天学习收获总结并布置任务	李艳	

续 表

日期	时间段		活动内容	负责人	活动地点
成果展示 11月9日	上午	8：00—8：30	报到	刘力华	攸县特校
		9：00—9：40	优课展示1	学员1	—
		10：10—10：50	优课展示2	学员2	—
		11：00—12：00	参培教师成长过程点评	彭琴	攸县特校
	下午	14：00—15：30	优秀成果实物展示	李艳	
		15：30—15：50	成果展示点评	彭琴	
		16：00—16：30	评优	刘东华	发展中心教研室
		16：30—17：00	1.班级成果汇报 2.当天学习收获总结并布置任务	易利平	攸县特校

八、展示预期

本次培训通过成果展示，让所有参培学员看到本次培训的成果，感受到学习的快乐、成长的喜悦，学会痉挛型脑瘫学生动作康复训练动作设计，明确设计的要求，能够科学地进行动作设计，提升动作设计的能力。展示的若干成果有视频、文本、电子文档、美篇、彩视。

（1）精品课展。

（2）讲述微故事、微课例、微案例、教学反思。

（3）情景剧。

九、人员分工

（1）活动组织：彭琴、李艳、王琳、蔡小荣。

（2）活动宣传：易利平、刘新连、文思捷、谭彦。

（3）现场布置：刘力华、李婷、文向东、朱午鸣。

（4）后勤保障：王共喜、苏瑶琴、邓洁、张智慧。

"国培计划"（2021）攸县初中物理教师工作坊研修（C0610）主题活动研修方案

一、研修主题

基于情境创设开展概念教学，提升学生素养的策略研究。

二、背景分析

《义务教育物理课程标准（2011年版）》指出，义务教育物理课程的宗旨是提高学生的科学素养，让学生学习终身发展所必需的物理基础知识和方法，养成良好的思维习惯，在分析问题和解决问题时尝试运用科学知识和科学研究方法。物理核心素养是物理学科育人价值的集中体现，物理教学必须确保素养培育目标的达成。物理概念是物理科学内容的重要组成部分，它对培育学生的物理观念和科学思维素养起着极其重要的作用。在核心素养背景下，如何才能进行有效的概念教学呢？为了让学员能够更好地把握概念教学的基本策略，我们把第一次线上研修的活动主题确定为：基于情境创设开展概念教学，提升学生素养的策略研究。

三、活动目标

（1）学员能把握《义务教育物理课程标准（2011年版）》对提升学生科学素养的具体要求；能认识到物理概念教学对学生素养提升的重要作用。

（2）认识到情境创设在教学中的重要作用，能灵活根据内容和现有条件进行情境创设。

（3）学员通过学习课程、沙龙研讨、同伴互动、专家引领等活动，掌握概念教学的基本流程及进行教学设计时在各流程环节中的策略，并能够运用到日常教学中去。

四、课程设计

（1）进入平台学习。

（2）问题研讨。

（3）沙龙活动。

（4）完成研修作业（必须是原创）。

作业1：如何有效进行概念教学？

请教师们在下面的两项作业中任选一个完成：①在线下的研课磨课过程中，您是如何有效创设情境进行概念教学的？把您的思考梳理一番写下来，形成教学论文；②您也可以把您在基于情境创设开展概念教学的过程中发生的有意义的事情记录下来，形成教学随笔。

作业2：基于情境创设进行概念教学的教学设计。

作业要求：选一个具体内容，结合研修主题完成一篇教学设计。

（5）进入研修活动社区，及时上传资源。

五、活动安排

（1）9月30日前，学员完成相关内容的课程学习，并重温《义务教育物理课程标准（2011年版）》中课程目标和实施建议中的内容。

（2）9月30日前，学员每人提出5个以上关于研修主题的问题，并回答10条同伴的提问。

（3）9月30日前，学员完成第一次作业（必须是原创）。

（4）10月10日前，学员完成第一次沙龙活动，每人至少发布5条有质量的观点，回复同伴10条以上。

六、预期成果

学员完成一篇论文（随笔）和教学设计。

七、评价标准

（1）论文（随笔）筛选出优秀的文章送县教育学会参评。

（2）教学设计分合格、良好、优秀，与优秀学员评选挂钩。

"国培计划"（2021）攸县幼儿教师工作坊（C0613）第四次线下集中研修活动方案

　　为切实做好"国培计划"（2021）——攸县幼儿教师工作坊整校推进研修项目（C0613）总结提升环节组织实施工作，全面提升培训质量，切实凸显本次研修的成果特色，工作坊根据上级文件精神，特制订本方案。

一、活动时间

2021年12月4日（一天），报到：12月4日上午8：00。

二、活动地点

　　上午：8：00—12：00，所有参与人员在攸县直属机关幼儿园参加幼儿教师工作坊研修成果展示活动。

　　下午：1：30—3：30，所有参与人员午餐后到攸县职业中专学校（简称"职专"）参加项目组总结表彰活动。

三、参与人员

　　全部学员、幼儿教师工作坊导师团队、基地校工作人员。

四、活动主题

　　成果展示、总结提升。

五、活动安排

研修活动安排表

阶段	活动内容	时间安排	主持人	活动地点
第一阶段	签到	8：00—8：30	坊管理员	机关幼儿园门口

续 表

阶段	活动内容	时间安排	主持人	活动地点
第一阶段	分组游戏案例分享	8：30—10：30	各组导师	机关幼儿园四楼会议室，三楼会议室，后栋三个活动室
	优秀游戏案例分享、点评	10：30—11：40	各坊坊主团队	机关幼儿园四楼会议室
	坊总结表彰	11：40—12：00		
	中餐	12：00—1：30		机关幼儿园食堂
第二阶段	项目组、各坊视频成果汇报展示	1：30—3：30	县教师发展中心人员	职专体艺楼二楼
	"国培计划"（2021）攸县教师工作坊整校推进项目工作总结	3：30—3：50		
	表彰	3：50—4：10		

六、活动要求

（一）学员12月4日上午展示要求

（1）展示内容：游戏案例分享展示。

（2）展示要求：

分享内容为游戏背景、过程和反思，必须制作幻灯片；每位学员分享的时间不超过8分钟。

（3）其他要求：

将展示的成果（分享的文字稿和PPT）及"三个一"（公开课资料、成长分享文稿及PPT、微讲座PPT）在12月4日之前打包发给小组长，小组长再发给学习委员，我们将择优发到教师发展中心参加研修成果评奖。

（二）纪律要求

（1）学员要在规定时间内到机关幼儿园报到，按时参加培训，不迟到、不早退、不缺课，如有特殊情况，须履行请假手续（本人写好假条，学校分管领导签字核实，县教师发展中心批准）。

（2）学员要遵守课堂纪律，上课时不得随意进出教室；要将手机关闭或调至静音，不准接打电话。

（3）学员培训期间的培训费和资料费由国培项目专项经费支出，往返差旅费由学员所在学校按规定报销。

（4）所有参与人员须全程佩戴口罩，接受体温检测，凭湖南省居民健康码绿码通行。

七、项目组工作具体安排

（1）活动通知安排、方案制订：董宜。

（2）学员签到表、资料的收集整理：谭黎。

（3）拍照、美篇、简报制作：谭黎、曾洁。

（4）住宿统计：朱桂香。

（5）主持：肖敏。

（6）学员作业成果的收集整理：肖菊妮。

（7）分组展示指导安排：

第一组：谭　黎（四楼会议室）。

第二组：肖菊妮（三楼会议室）。

第三组：曾　洁（大三班教室）。

第四组：肖　敏（大二班教室）。

第五组：朱桂香（大四班教室）。

攸县2019年教师培训需求调研报告

攸县教师发展中心　易卫星　李志平

为科学规划2019年教师培训，让培训项目有效科学，培训实施快速高效，培训内容接地气、受欢迎，自3月1日起至4月10日，攸县教师发展中心采用问卷调查、推门听课、座谈访谈等形式进行了为期40天的教师培训需求的调研。

一、调研基本情况

（一）调研方式

1. 问卷调查

依托问卷星平台，攸县教师发展中心师训站统一编制发布调查问卷，全县在编在岗中小幼教师4650人，回收问卷表2697份，占全县在编在岗中小幼教师总人数的58%，符合调研人数要求。

2. 实地调研

在攸县教师发展中心师训站易卫星站长的带领下，调研组抽调师训站全体成员、教研室及县职专师训科部分成员，分成两个组，深入市上坪、皇图岭、二中、坪阳庙、槚山、酒埠江、网岭、大同桥、石羊塘、桃水、鸭塘铺及城区各学校实地调研，采取听课、座谈、问卷三种方式。每所学校听课两节，召开一次座谈会，要求学校行政、教科室、教务主任、教研组长、普通教师参加，会后填写问卷表。

（二）调研内容

1. 培训需求

依托问卷星，从培训动机、培训时间、培训方式、培训师资、培训项目等方面提出30个问题，了解一线教师诉求。

2. 诊断师培

采取座谈的方式，从培训形式、收获与困惑、措施与建议等方面把握过去一年县域师培工作的得与失。

3. 送教主题

采取听课、问卷的方式，把握各学段、各学科教师对学科培训主题的需求，精准确定本年度送教下乡培训送教学科主题和教师工作坊研修主题。

（三）样本选取依据

1. 学校样本选取依据

我们抽取的6所初中、3所小学、3所幼儿园，涵盖了不同学段、不同地域、不同层次的学校，突出农村学校教师培训的诉求。

2. 调研问题设计依据

我们设计的48个问题是针对不同的调研方式、不同的调研对象、不同的调研内容，全方位了解教师的真实需求，以确保培训的精准与实效。

二、调研情况分析

（一）问卷调研分析

1. 教师参加培训的动因

教师参培动因调查主要包括参培意愿、动因和期待三个方面。从参培愿望上来看，教师专业发展的意愿比较强烈，问卷调查中有83.8%的教师强烈希望或希望参加培训。从参培动因来看，绝大多数教师参加培训是出于自身专业发展和提升的需要，是为了更好地从事教育教学工作和适应教育教学发展需要，问卷中有64.7%的教师是为了解决教育教学中的问题。从参培期待上来看，多数教师培训是希望更新自己的教学理念和知识，提升教育教学工作的技能技巧；在问卷调查中，期待更新教学理念和知识、提升教育教学技能的教师占63%以上。

2. 教师对培训内容的需求

从"教学专业能力"方面看，现代教育技术（多媒体教学、课件制作等）、最新教育理念、新课程标准的解读（教育理论和实施策略）、专业学科知识等方面的能力依然是教师所欠缺的，分别占54.8%、54.3%、53.4%、52.4%。

从"班主任工作能力"方面看，"如何培养学生良好的行为和学习习惯""如何利用各种活动，培养学生的集体荣誉感、凝聚力和守纪意识""如何做好留守学生和后进生的工作"成为教师最为迫切的培训内容，分别占84.3%、69.7%、65.5%。所以，教师认为最喜欢的培训内容是教学方法和专业拓展；最希望的培训专题是学科教学，占到50.2%。

3. 教师对培训形式的需求

培训形式的调查包括培训模式、项目类别和教学方式三个方面，这三个方面的问卷调查结果具有内在逻辑联系。教师最喜欢的培训模式是短期集中培训、网络培训和混合式培训。教师最希望参加的是县区内"送培上门"培训（56.9%）、远程培训（34.1%）、教师工作坊"线上+线下"混合式研修（32.1%）等，三个培训项目正好具有集中培训时间短、网络研修与线下集中相结合的特点；教师最喜欢的教学示范（75.4%）、案例分析讨论（68.7%）、经验交流（54.2%）等教学方式完全对应了教师最喜欢的培训模式与培训项目所采取的教学方式。

4. 教师对培训师资的需求

教师最喜欢的授课者是经验丰富的教学一线知名教师，占参与调研问卷教师总数的70.6%；其次是教育教学专家，占66.5%；最后是中小学学科带头人，占58.8%。

5. 教师对培训时间的需求

培训时间需求调查包括单次培训的时长和培训时间段的安排两个方面。从单次培训的时长上看，教师认为最合适的时长是3天，占47.2%；其次是5天，占22.6%；10天或10天以上的培训时长是教师认为最不合适的。从培训时间段的安排上看，教师认为最合适的是将培训安排在工作日，占52.5%，其次是安排在暑假，占36.6%；教师认为最不合适的是安排在寒假和节假日。上面两个问卷调查结果与教师的工作性质和工作强度是密切相关的。

6. 影响培训满意度的主要因素及其他

教师认为影响培训满意度的主要因素是培训课程的针对性与时效性，分别占参与问卷调查总数的66.8%和57%。在问卷调查中，教师认为培训适合的考核方式是出勤率考核和汇报展示，分别占54.5%和49.2%。

（二）实地调研情况分析

我们从培训的方式、收获与困惑、措施与建议等方面设计了18个问题，采取座谈、问卷的形式与各校的管理人员、普通教师对县域师训工作进行调研。

1. 情况汇总

教师最喜欢的培训方式主要有走出去（外出学习），送进来（如送教下乡、送培到校），一线教师授课，贴近乡村教育的培训。

教师印象最深的培训主要是：①集中连续性、系统化的培训；②送教下乡（培训收获大，特别是研课磨课阶段互评的形式对教学水平的提高很有帮助，尽管累，但教师能力提升大，反响好）；③"同课异构"（研磨形式印象很深）；④计算机操作技能培训。

教师对培训的主要建议：①送教下乡自研自磨环节个人内化的过程要长些；②培训学习与实际教学要相融合；③多给非专业教师学习机会；④以颁发结业证书的方式激励培训；⑤针对不同的需求，采用不同的培训（分层分类）；⑥培训面要扩大，尽量全员参培；⑦集中培训时间最好安排在周五、周六；⑧网络资源要实现全县共享；⑨送教下乡学员工作手册可以简化些；⑩送教主题由教师提出，以解决教学中实际问题与困惑，主题要小而细，让培训更接地气；⑪加强对新教师的培训与考核，尤其是对非师范专业类教师的培训更应加大力度；⑫要让校本培训真正落到实处；⑬外聘专家要多些；⑭多些小科类的培训。

2. 情况分析

从反馈的情况来看，去年的培训工作对教师们的触动很大，尤其是送教下乡项目，所有参培教师收获很大，特别是对青年教师的帮助很大。坪阳庙中学的汤校长反映，他们学校的青年教师自从参加送教下乡项目培训后，无论是精神层面，还是教学技能层面，都有很大的改变，他感到无比高兴。座谈的教师也诚恳地提出了一些建议，可以看出，我们的培训工作还应在管理细节方面加强改进。

（三）送教主题调研情况分析

针对2019年送教下乡的主题，我们采取了座谈、问卷、听课等形式进行了实地调研。

1. 情况汇总

学科教学中遇到的最大困惑：

（1）如何让学生爱上阅读，爱上写作。

（2）低年级课堂组织及学生兴趣的调动。

（3）如何提高教学效率。

（4）理论水平不扎实，普通话等教学基本功不扎实。

（5）英语语法的渗透教学与语篇教学。

（6）没有优质教学资源。

（7）如何提高学困生的学习水平。

（8）电脑操作水平低。

（9）如何运用任务型教学方法进行教学。

（10）农村学生学习基础差，缺乏学习兴趣。

（11）数学如何进行专题复习。

最希望通过本次送教下乡或教师工作坊研修解决的教学问题：

（1）如何激发学生的学习兴趣。

（2）更多的教学技能方面的指导。

（3）教师工作坊所展示的示范课要与农村学生实际相结合。

（4）班级管理类的培训。

（5）文本解读。

（6）后进生的辅导。

（7）新课标核心素养方面的培训。

（8）信息技术方面的培训。

本年度送教下乡主题或教师工作坊研修主题：

（1）习作教学的指导。

（2）英语对话教学与故事教学的课堂教学设计。

（3）任务型教学在小学英语课堂中的运用。

（4）光合作用、呼吸作用的相关实验教学。

（5）初中历史教学中的情景再现、时代列车。

（6）英语单词记忆方法研讨。

（7）信息技术与学科教学深度融合。

（8）几何问题如何突破。

对"国培计划"送教下乡培训或教师工作坊研修的建议：

（1）名师送课到校，优质教学资源共享。

（2）培训结束后，颁发相关的结业证书。

（3）以片为单位设立基地校进行集中培训，与农村学校的实际相结合，将送教下乡真正做到送课到乡。

（4）分年龄段、分要求开展送教下乡培训。

（5）加长集体研磨时间，示范课不是重点培优，而是重点辅"差"。

（6）培训时间尽量不占用休息时间。

（7）小学英语培训机会少，要增加次数。

（8）对新教师进行有针对性的培训。

（9）多派专家、优秀教师现场传、帮、带。

（10）多进行教师基本功的培训。

（11）多上传名师教学视频。

2. 情况分析

从四个问题的反馈情况看，我们发现教师们的培训需求集中体现在五个方面：一是如何提高农村学生的学习兴趣；二是如何将信息技术与学科教学有效融合；三是如何让送教下乡真正做到送课到乡，让更多的教师得到学习的机会；四是如何提高教师的教学技能；五是如何实现资源共享，让更多的教师获得优质的教学资源。

三、改进设想与建议

通过调研与分析，针对攸县过去教师培训工作中存在的问题，结合乡村教师对培训的期待与需求，我们提出以下设想与建议。

（一）基于教师参加培训的动因调整培训目标定位

问卷调查结果显示，教师不是不愿意参加培训，而是希望参加专业性强、培训质量高、切合自身需求的高水平培训；教师参加培训的目的不仅仅是拿满学分，而主要是出于自身专业发展和提升的需要，以便更好地从事教育教学工作和适应教育改革发展需要；教师参加培训更多的是期望更新自己的教学理念和知识，提升教育教学工作的技能和技巧。因此，我们必须基于教师发展的实际需求，在充分调研的基础上，以"两高两有"理念引领教师培训深入开展，尽量做高水平、高质量，有文化、有温度的教师培训。"高水平"不仅要体现在培训师资上，更要体现在课程设计上；"高质量"不仅要体现在管理服务上，更要体现在成果提炼上；"有文化"强调培训项目的文化建设和培训过程的文化影响；"有温度"强调要"以师为本"，充分尊重教师的培训意愿和需求，让教师享有专业发展的获得感和职业生活的幸福感。

（二）基于教师对培训内容的需求设计培训专题与培训课程

我们要紧扣教师最为关注的"课堂有效教学"这个培训专题，紧紧围绕学科教学资源的收集处理应用，教学内容处理与课程教材整合，课堂教学设计与实施等"课堂有效教学"的构成要素来设计培训课程，整合培训师资。在具体的培训实施中，我们要高度关注教学方法、专业技能和学法指导等方面的示范与研讨。同时，我们要关注教师的专业能力缺陷，将教育科研和论文撰写能力，以及班级管理的策略与方法也一并纳入教师培训的内容范畴。

（三）基于教师对培训形式的需求选择培训项目与教学方式

问卷调查结果显示，教师最喜欢的培训模式是短期集中培训、网络研修和混合式培训，最希望参加的培训项目是送培到县示范性培训、网络研修与校本研修整合培训、送教下乡培训，最喜欢的教学方式是观摩名师课堂教学、案例评析与参与式培训、同行教学展示与共同研讨。综合这三个方面的调查结果，我们要将送教下乡培训、乡村教师工作坊研修和网络研修与校本研修整合培训三个项目作为2019年教师培训的重点项目，因为这三个项目在培训模式和教学方式上与教师的培训需求是最为贴近的。

（四）基于教师对培训师资的需求组建与培训教师培训团队

问卷调查结果显示，教师最喜欢的培训授课教师是经验丰富的教学一线骨干教师，而且多数教师认为影响培训满意度的主要因素是培训课程与师资。因此，我们在组建和培训教师培训团队时，便充分尊重教师的这两个需求，并准备从两个方面着手落实：一是教师培训团队成员的遴选注重教学实绩，不重所谓的"学术头衔"，并适当聘请少量的省市专家。二是加大培训者的培训力度，突出培训能力提升培训，计划与湖南第一师范学院联合申报"乡村教师培训团队培训技能提升研修"项目，对参与2019年送教下乡培训的相关学科教师、短缺薄弱学科骨干教师和教学业绩突出的免费师范生进行集中培训；精心设计"攸县校本研训管理者高级研修"项目，对全县各中小学的教研室主任进行校本研训和主题教研方面的专业培训。

（五）基于教师对培训时间的需求合理安排培训时长和时段

除培训者培训项目外，其他培训项目单次集中培训的期限不超过两天；尽可能与学员派出学校协调，将集中培训的时段安排在工作日，以免占用参培教师的休息时间。

（六）基于学科送教调研结果筛选确定送教主题和培训内容

我们组织送教团队成员对每个学科筛选出的3个送教主题进行分析讨论，并从中挑选一个主题作为该学科本次送教下乡培训的主题。在挑选培训主题时，我们要充分考虑"目前您在学科教学中遇到的最大困惑是什么"和"您最希望本次送教下乡培训为您解决本学科的哪个问题"两个问题的调查结果，确保送教主题和这两个问题之间的逻辑联系。在实施送教下乡培训的各环节中，我们要充分考虑"对'国培计划'送教下乡培训，您有什么更好的建议"这个问题的调查结果，并参照调查结果改进自己的工作，确保送教下乡培训的实效。

2022年攸县初中英语教师整校推进工作坊研修主题需求调查报告

攸县教育科学研究室　邓瑞兰

一、需求调研的目的

为了增强2022年初中英语教师整校推进工作坊的实效性，了解初中英语教师最感兴趣的研修主题和初中英语教师希望解决的真实问题，工作坊对全县初中英语教师进行了问卷的调查，并且对震林中学、江桥中学、健坤实验学校、高枧中学四所中学的主管教研副校长、英语教研组组长及部分英语教师开展了座谈调查。

二、调研对象与方式

（一）调研对象

参加问卷调研的是全县初中英语教师100人，其中93%是女老师，7%是男老师。参加调查的教师58%是40岁以下的年轻教师，29%是41~50岁的中年教师，13%是50岁以上的老教师。参加问卷调查的教师有31%的教师教龄在五年以内，17%的教师教龄为6~10年，10%的教师教龄为11~15年，42%的教师为15年以上教龄。本次参加问卷调查的教师三个年级人数差不多，七年级英语教师占问卷人数的34%，八年级和九年级的教师各占问卷人数的33%。所以，这次各年龄阶段的教师都积极参与了问卷调查，且各年级分布均衡。

（二）调研方式

本次调研以教师专业素养的发展与教育科研能力的提升为指导方针设计问卷，问卷分为基本情况、研修目的、研修主题需求、研修形式需求、需要解决的问题及对工作坊的建议等几个方面，采取问卷星问卷调查和教师座谈等形式进行。

三、需求调研分析

（一）教师参与工作坊研修的主要目的

初中英语教师长期奋战在一线教学岗位，很少有时间和机会接触新的教学模式和教学理念，最近三年来，初中英语教师整校推进工作坊让大多数教师有了学习机会。问卷调查显示，96%的教师主动要求国培，是为了学习新理念，解决教学问题；77%的教师想通过工作坊研修开阔视野，增长见识；63%的教师想了解校外的教学动态，交流工作经验；61%的教师希望能提高自己的信息技术应用能力，53%的教师想获得继续教育学分，评职称；18%的教师听从学校安排参加工作坊研修。

（二）教师最感兴趣的研修主题

通过教师座谈与问卷，结果发现有55%的教师对指向核心素养的初中英语单元整体写作教学专题研究感兴趣，26%的教师对基于文本解读的初中英语阅读课堂研究感兴趣，19%的教师对核心素养立意的初中英语口语教学感兴趣。大多数教师最关注、最感兴趣的研修主题是指向核心素养的初中英语单元整体写作教学研究。

（三）工作坊研究的形式

工作坊培训应充分发挥参训教师、培训专家的主体性，强调学员与导师、学员与学员之间的互助互学，然后整校推进，使培训具有针对性、开放性和实效性。91%参与问卷的教师希望能够采取教学观摩与实践的方式进行研修，66%的教师希望采取案例分析的方式和经验交流的方式进行研修，37%的教师希望有专题讨论的方式，36%的教师希望采取系统讲授的方式进行研修。

（四）教师希望获得哪些方面的提升

通过问卷调查，我们发现77%的教师希望提升教材解读能力，71%的教师希望能提升学习指导能力，68%的教师希望能提升课堂驾驭能力，64%的教师希望提高自己的语言艺术水平，63%的教师希望提升课堂调控能力。

（五）教师希望工作坊研修解决哪些问题

通过此次调查，发现教师主要希望工作坊能够帮助他们解决以下几个方面的问题。

（1）如何指导学生写作，解决写作问题，提高学生的写作能力。

（2）阅读课细节的处理，阅读课教学的实践经验。

（3）如何开展高效课堂。

（4）提升整合教材的能力。

（5）如何解决乡村学生记单词的难题。

（6）教学设计能力的提升。

（7）提高自身的信息技术能力。

（8）课堂教学艺术的提升。

（9）校本研修的现状及困难。

（六）工作坊整校推进存在的主要矛盾

（1）工学矛盾突出，教师课业任务负担重，部分教师年龄较大，导致集体备课形同虚设，主观上并不愿意参培。

（2）教师本就缺乏研究，理论也不够，专业引领教师缺乏，教研氛围并不强。

（3）教学规模小、教师人数少、专职教师少，让校本教研困难重重。

（4）教师流动性大，骨干教师培养后难以留住，导致校方常常丧失信心。

（5）学生学情复杂，普遍基础薄弱，没有学习积极性。"培优补差"占去教师过多精力。

（6）各项检查资料繁杂，干扰教师潜心教研。

（7）有教研活动，但"落地生根"不足，形式居多。

（8）设备设施硬件不足，新的教学方式（如信息技术）难以实施。

（七）对初中英语教师工作坊研修的建议

对工作坊的工作，教师们积极提出建议，主要提出了以下几个方面的建议。

（1）合理规划教师的培训时间和时长。时间上以不影响正常教学的情况下进行。形式上能有一定分层分段进行。

（2）根据以往经验，线上活动比较流于形式，线下活动更为实在。

（3）渴望专家、骨干教师定期到校指导。建议深入农村学校调研，真正解决农村英语课堂教学问题。

（4）希望多点优质课送教、同课异构。多一些案例及常态课学习，多观摩优秀教师的常态课。希望多提供可操作性技术与实用的教学资源。

（5）希望能开阔视野，多点跟岗与学习机会。

四、需求调研结论

通过以上的需求调研，我们认为今年的工作坊对国培课程的设置、国培活动的确立宜从以下方面落实。

（1）以线上活动为主，以解决工学矛盾，减轻教师调课等额外负担。

（2）基于学情、问题确定主题，从解决日常教学实际问题出发，形成阶段性的系列培训主题，以解决培训活动形式重于内容、不能"落地生根"的问题，同时促进教师的主动参与。

（3）培训内容精选优质资料，确保理论与实践相结合，侧重于运用，以解决日常教学实际问题为目的。

（4）把工作坊和名师工作室的活动紧密结合，深入农村学校调研，真正解决农村英语课堂教学问题。

（5）通过培训资料留痕，进行整理、分析、萃取、提炼，形成系列成果，以应对教师流动性大、骨干教师培养后难以留住等问题，并进行区域推广。

"小学生数学数据分析能力培养的策略研究"研究报告

——湖南省教育学会"十四五"教育科研规划课题

课题编号：B-23

课题主持人：张春妮（中小学高级教师）

课题单位：攸县菜花坪镇中心小学

主要成员：张春妮、易小星、颜黎黎、符容、骆晓蓉、赵彩霞、李琴慧、张丽、叫伟青、易云贵、谭喆瑶、周旭梅

一、背景与界定

（一）研究背景

1. 国际数学领域对数据分析越发重视

随着时代的发展和不断进步，统计能力和数据分析能力得到了人们越来越多的重视。在数学研究领域，多个国家进行了数学课程改革，其中的纲领性文件都将"数据分析"作为数学教育领域的重要关注点。

2. 我国新课改将数据分析立为课程目标

在《义务教育数学课程标准（2011年版）》中，数据分析已成为课程目标的重要部分。从几次修订的过程可以看出，"数据分析"这一词语一直贯穿各个部分，一度变成了不可忽视的核心概念之一。因此，研究这一课题符合新课改的总目标要求，具有现实意义。

3. 教育实践中的发现和启示

在多年的一线教学实践中，我们发现目前普遍存在的一种现象，就是面对各种数据，学生不知如何收集，或者收集的数据较多，不知以何种方式统计，

更多的是统计出来的数据没有分析的价值。学生往往满足于回答教师提供的统计方式，甚至纯粹是为了分析数据而分析数据。从根本上来说，学生数据分析的能力没有得到有效的培养，从而影响了思考能力与分析能力的培养。如何在课程实施的过程中真正体现课程改革的理念，培养学生数据统计与分析能力就显得尤为重要。本次研究使教师在小学数学课程实施过程中通过教学活动适时地引导学生主动、积极地统计和分析数据，运用所学的知识和方法统计与分析数据，锤炼学生的数学思考能力，提高学生的综合素质和创新能力，有效提升学生的数学核心素养。

（二）课题界定

我们面对的是小学生，所以对有些概念要做一些具体界定。

1. 小学生数据分析

统计学领域将数据分析划分为描述性数据分析、探索性数据分析和验证性数据分析，对于小学生而言，我们侧重于描述性数据分析。

2. 小学生数据分析能力

小学生的数据分析能力包括以下几个方面。

（1）数据认识能力。

（2）数据收集能力。

（3）数据整理能力。

（4）数据表述能力。

二、目标与内容

（一）研究目标

（1）通过课题的研究和实践，让学生掌握基本的数据分析策略，并体验数据分析策略的多样化和优化，发展学生的创新意识和实践能力，使学生养成积极分析数据的习惯。

（2）通过课题实践，提高本校学生数据分析的能力，增强学生的统计意识，培养学生应用意识和数学思考与交流的能力，促进学生收集数据、整理数据、分析数据和应用数据能力的提高。

（3）通过课题实践，以科研带教研，以教研促教改，帮助教师改进课堂，提升业务水平和研究能力，促进教师专业成长。

（4）通过课题研究，进一步更新教师的教育观念，提高教师的理论水平，以科研带教研，以教研促教改，全面提升教师的自身素质和业务水平，促进教师在课题研究中成长，从而实现教师、学生和学校的共同发展。

（二）研究内容

（1）小学生数学数据分析能力培养存在的问题及原因分析。

（2）小学生数学数据分析能力培养策略。

（3）通过本课题的研究，构建一种操作性强的适应本县域的小学数学"统计与概率"的有效课堂教学模式。

三、过程与方法

（一）研究过程

1. 设计调查问卷，进行网络调查

根据课题题目中的核心关键字"数据分析"和本课题的研究目标，分别设计学生问卷和教师问卷。网络问卷调查后，统计调查数据，得出相关结果，完成问卷调查报告。

2. 按课题分工，进行相关研究

根据问卷调查结果，课题组按课题内容和课题组成员各自的特长，从以下几方面进行了相关研究：①提升小学生数据分析能力的培养策略；②培养数据分析意识，发展数学思维；③优化数据分析方法；④优化统计教学策略，提升学生数据分析能力；⑤培养学生从数学的角度收集数据、整理数据、分析数据的策略；⑥经历在实际问题中收集和处理数据，利用数据分析问题，获取信息的过程，掌握统计与概率的基础知识和基本技能；⑦体会统计方法的意义，发展数据分析观念，感受随机现象；⑧获得分析数据的一些基本方法，体验数据分析方法的多样性，发展创新意识；⑨通过本课题的研究，构建一种操作性强的适应本县域的小学数学"统计与概率"的有效课堂教学模式。

3. 按研究分工撰写课题论文，积极参评与公开发表研究成果

课题组要求成员在课题完成相关研究后，一定要根据课题内容和具体研究对象撰写论文，并积极参与有关评奖活动，或者将论文投稿到杂志社去发表。

4. 收集整理课题研究资料，完成研究报告

课题组成员将研究成果写成相关论文后，主持人要求课题组成员将本课题开题以来自己研究与本课题有关的论文全文电子稿、获奖证书、发表所在期刊的照片、复印件、学生获奖证书、校本教材、学生比赛活动照片、所上教研课的教学设计、课件、上课照片等资料全部收集，根据湖南省教育学会格式撰写研究报告，并进行反复修改，同时填写结题申请书，准备结题。

（二）研究方法

1. 文献研究法

通过专著、权威期刊及大量硕博学位论文的查阅，广泛收集国内外专家学者对小学生数学数据分析能力研究的文献资料。

2. 调查研究法

通过向教师发放调查问卷，了解教师对学生数学数据分析能力培养现状。通过调查学生测试试卷中统计与概率部分试题的情况，对小学生数学数据分析能力的现状进行调查和了解。

3. 行动研究法

常态下的行动研究，以集体研讨、教学实践、反思总结为主要内容，把日常教学与课题研究结合起来，在实践中探索研究，形成行之有效的研究策略与方法。

四、研究结果（结论）与对策

（一）问卷调查统计中得出的结论

主题研修课程应紧扣如何提升骨干教师课堂教学实施能力，帮助其形成自身的教学理念和教育理念。课题研修项目实施建议如下。

1. 确立研修主题

通过本次调研不难发现，教师在"统计与概率"的教学方面均存在一定的疑难，而"双减"背景下的高效课堂更是教师所迫切需要的。通过本次调研，依据教师需求，课题组确立了课题研修主题——"小学生数学数据分析能力培养的策略研究"。

2. 推行信息技术应用能力相关课程

在座谈调研当中，绝大多数教师反映希望加强教学技术方面课程的培训，如希沃白板、移动录播、直播授课等，促进信息技术与学校教育的深度融合，才能真正实现均衡教育，全面提升教学质量，可见，教师都已有提升自己的信息技术能力的意识。

3. 坚持线上研修与线下研修相结合模式

教师因为教学工作原因，对于线上线下研修相结合的模式十分赞同，希望能强化线下集中研修，延长线下集中研修时间，促使线上学习与线下研修的有机结合。

4. 名师示范常态化

教师工作坊、送教下乡、结对帮扶等活动的开展，使教师学能所用。从培训项目具体实施到现在，教师们普遍欢迎以课堂教学案例为载体的培训环节，但对于这种以课堂教学案例为载体的培训项目，他们希望进一步提升其针对性，如名师的示范课最好是施行"常态课"，这样更有操作性，他们更有收获，便于落地到一线课堂。

5. 校本研修不可轻，专业指导要落地

利用教师工作坊，要求参培教师能将新理念、新方法传递和分享给本校的教师，而如何去实施？利用哪些方法、途径和手段与本校的教师进行校本研修？这仍然是教师存在的疑惑。培训团队可加强对校本研修的专业指导，提供一定的课程与资源。

6. 加强参培教师队伍的评价与管理

科学的评价机制是促进教师健康发展的重要因素，培训团队应制定一套科学有效的评价体系，用动态、发展的眼光综合评价教师的工作，让教师充分发挥自己的才能，促使其专业提升与主动创新。

（二）提升小学生数据分析能力的培养策略

1. 通过整合课程内容提升数据分析能力

将数据分析的概念和方法融入数学课程中，让学生在学习数学的过程中自然地接触到数据分析。第一，我们明确希望学生达到的数据分析能力水平，并为此设定具体的评估标准。第二，选择与数据分析相关的课程内容，如统计表、统计图、平均数等，确保这些内容能够与学生的年级和学习水平相匹配。第三，将不同学科的内容整合在一起，如通过实际项目来展示数学、科学和计算机科学的交叉应用。第四，从基础开始，教授数据收集、整理、分析和解释的基本概念和方法。第五，使用真实的数据集和案例，让学生亲自进行数据分析，以增强他们的实践能力。第六，不仅教授数据分析的技能，还要培养学生的批判性思考能力，让他们能够对数据进行有效的解读和应用。第七，定期评估学生的学习进度，并提供及时的反馈，以便调整教学策略。第八，设计与数据分析相关的家庭作业和项目，以加强学生的实践能力和自主学习能力。第

九，根据学生的反馈和教学效果，不断更新和改进课程内容和方法。

2. 通过有效课堂教学提升数据分析能力

对于小学生的数据分析能力的培养，统计与概率课堂教学该如何进行才算有效呢？

（1）多维思考，体会数据分析意义。教师首先要对新课标以及教材中数据分析能力相关内容进行解读，明确数据分析能力的内涵以及培养要求。其次要思考切入点，由于数据分析能力与现实生活密切相关，因此教师可以从学生日常生活中寻求解决办法。最后要思考教学形式，让学生有兴趣地体会数据分析的意义，具体要注意以下两点：一是深入解读课标，注重分析教材；二是深化情境创设，聚焦现实问题。

（2）注重分析，设计驱动性问题。数据收集、整理以后，需要提供开放性、有挑战性的驱动问题引发学生深入而有效的思考。指向数据分析能力的驱动问题设计应以"数据分析能力"的四个维度为主线，让学生经历数据收集、整理、描述及推断的过程，具体要注意以下两点：一是注重驱动性问题的开放性，二是注重驱动性问题的挑战性。

（3）有效作业，体验数据分析过程。有效的作业设计要注意以下两点：一是注重分阶段进行设计，规划每一阶段学生收集、整理、描述以及推断的任务；二是及时对作业完成情况进行监控，教师对学生每一阶段的作业出现的问题，要及时给予有针对性的反馈，推进学生的作业进程。

（4）汇报成果，反思数据分析过程。作业完成以后，学生需要以小组的形式进行汇报，向教师、学生汇报阐述自己的成果。学生汇报时，必须介绍自己在数据收集、整理、描述以及推断四个维度的过程：在数据收集方面，为什么选择这个收集方法，收集的数据是否具有代表性等。在数据整理方面，按照什么标准进行数据整理，为什么要按照这个标准整理等。在数据描述方面，为何选择这种描述方式等。在数据推断方面，是怎样得出这个结论的，这个结论是否具有代表性等都是需要回答的。

（5）多层评价，判断数据分析能力。关于评价方式，教师要做到多种多样，丰富多彩的评价方式与形式能够更加全面地对学生的"数据分析能力"做出判断。对学生数据分析能力的判断也需从多方面进行考虑。数据的收集能力可以通过对学生选择的收集方法、问卷的设计进行评价；数据的整理能力可以通过学生是否按维度进行整理，是否剔除无效数据进行评价；数据的描述能力可以通过学生是否选择了恰当的描述方式，是否语言清晰地表达进行评价；数据的推断能力可以通过分析其结论的合理性进行评价。学生在数据的收集、整理、描述以及推断中出现问题、困惑，教师可以及时与其沟通，帮助学生顺利解决问题。

3. 通过创设实际情境提升数据分析能力

设计一些与生活实际相关的数据分析问题，让学生在解决这些问题的过程中提高数据分析能力。第一，教师可以设计一些与学生生活密切相关的实际问题；第二，教师可以引导学生从日常生活中收集数据；第三，教师可以教授学生如何整理数据，如使用表格、图表等形式将数据呈现出来；第四，教师可以引导学生运用所学的统计方法对数据进行分析；第五，教师可以要求学生将数据分析的结果以口头或书面的形式呈现出来；第六，在完成数据分析任务后，教师可以引导学生进行反思和总结；第七，教师可以将数据分析应用于其他学科的学习中；第八，教师应鼓励学生在数据分析过程中发挥自己的想象力和创造力，尝试不同的分析方法和技巧；第九，教师可以组织学生进行小组合作，共同完成数据分析任务；第十，教师应定期对学生的数据分析能力进行评估。

4. 通过培养数据意识提高数据分析能力

如何更好地结合"统计与概率"领域的内容培养学生的"数据意识"，有以下几个策略。

（1）创设真实情境，生成统计需求。教师要基于学生的生活现实和数学现实，创设学生能够理解、想要解决的真实情境。

（2）经历活动过程，建立数据意识。数据意识的形成是一个长期的过程，课堂教学应该经常让学生从实际情境中经历收集数据、整理数据、描述数据、分析数据的统计全过程。让学生掌握怎样统计数据，怎样整理数据，怎样根据实际问题选择合适的数据分析方法，通过数据分析能得出什么信息，解决什么问题，增强学生利用数据解决问题的意识。

（3）知道随机性，感悟数据价值。根据2022年版新课标，我们知道数据的随机性有两层含义：一方面，对同样的事情每次收集到的数据可能是不同的；另一方面，只要有足够的数据就可能从中发现规律。统计与概率的教学要以多次试验结果来公平验证数据的随机结果，教师所创设的试验条件要尽可能避免出现不必要的麻烦，以免影响数据的科学性。

（4）改变学习方式，跨学科融合。有时候，一个完整的统计过程历时较长，很难在一节课内完成，此外许多情境也会受到时间、空间、环境的限制，难以展开。因此，在"数据意识"的培养过程中，我们可以借助课前调查、虚拟场景、课外活动、跨学科融合等多种手段帮助学生经历更多的统计过程，积累更多的统计经验，使学生养成用数据说话的习惯，形成数据意识。

5. 通过发展学生的思维力提高数据分析能力

适当提升学生思维的灵活性，有利于提高学生的数据分析能力。思维的基础就是语言，而语言也可以作为思维的重要工具。两者相结合，会获得意外的收获。

（1）培养学生的洞察力。例如，为了使简便计算方法的正确性和合理性得到有效提高，务必对学生观察数字的能力予以有效的培养。

（2）培养学生的顺向思维和逆向思维能力。每一种逆向思维以及顺向思维都需要一个过程，然而逆向思维与顺向思维之间会呈现相反性，逆向思维所指的是正向思维的反方向，同时两者之间又相互关联。

（3）培养学生聚合思维和发散思维。聚合思维就是要得到自己的确切答案，发散思维由一点可以想到很多方面，最为典型的就是一题多解，其关键不在于结果有多少解决方案，而在于如何在思考过程中创造出许多解决方案。

6. 通过挖掘统计核心价值提高数据分析能力

数据分析能力是学生收集、认识、整理、描述、分析、计算数据及根据数据进行推理的能力，是小学生必备的核心素养。教师在教学中应该关注小学生的数据分析能力的发展。

（1）创设有效情境，激发学生收集数据的需求。小学阶段尤其是第二、第三学段的统计教学，都是教材给出数据，没有让学生经历收集数据的过程。事实上，教材上的例题只是确定研究的方向，在实际的教学过程中，教师可以创设学生感兴趣的情境，激发学生收集数据的需求，让学生学会完整、有效地收集数据。

（2）经历统计过程，形成数据意识。完整的数据分析过程包括收集数据、整理数据、描述数据、分析数据、判断与预测，它们彼此交融，在各学段虽然有各自的侧重点，但教师不能将它们切割开来，而应该整体把握，特别是不能默认数据的收集与整理是第一学段的任务，不能默认学生的数据收集、整理能力已经得到充分发展，从而忽略学生在第二、第三学段数据收集、整理能力的发展，而应该让学生经历分析数据的全过程。

（3）掌握统计方法，发展数据分析能力。统计表、统计图是用表格和图像的形式将纷繁复杂的数据信息用直观的方式呈现，具有简洁、快速传递信息的功能。

（4）挖掘潜藏信息，合理判断预测。根据新课标的要求，数据分析能力不仅仅包括数据收集、整理的能力，更是指透过数据，读出数据背后蕴含的丰富信息，从而做出合理判断预测的能力。

7. 通过举办数据分析竞赛提高数据分析能力

教师可以组织学生参加各类数据分析竞赛，激发学生的兴趣和积极性，提高他们的数据分析能力。教师可以将竞赛成果应用于实际工作，将竞赛中获得的数据分析技能和方法应用于实际工作中，以提高团队的整体数据分析能力。这将有助于教师在未来的项目中取得更好的成绩。

8. 通过培养数据分析观念提高数据分析能力

教师可以通过培养数据分析观念来提高数据分析能力，具体做法如下。

（1）内部驱动，让学生自主产生统计需要。在统计教学中，学生对统计的需要是由教师的指令产生的，还是由学生解决问题过程中的实际需要而产生的，这对学生的发展是有本质的区别的。教师指令下的统计活动最多只能培养学生的统计技能。但在丰富多彩、复杂多变的实际生活中，学生如果不具有统计意识，即使他们拥有统计技能，也会不知何时应用、如何应用。这就要求我们创设好情境，让学生在情境中自主产生统计的需要。

（2）关注体验，使学生经历整个统计过程。统计是用来解决实际问题的一种策略和方法。课程标准强调要让学生学会自觉地从统计的角度去思考问题、解决问题。要落实这一要求，最有效的方法就是让学生真正投入统计的全过程中，发现并提出问题，针对问题收集和整理数据，通过交流，体验统计时要根据解决的问题不同，选择恰当的统计图表来描述数据，这样会更有利于分析数据，从而做出正确的决策。

（3）联系生活，促学生开展相关实践活动。统计意识的培养，不能仅仅靠课堂教学。因为统计教学与实际生活紧密联系，课堂教学中往往很难完全展示一个统计的全过程，所以我们可以适当地开展一些实践活动，将课内外结合起来。

五、成果与影响

（一）研究理论成果得到了社会的认可

优秀论文：公开发表相关研究论文1篇，获得株洲市教育科学研究院优秀论文一等奖1篇，获得攸县教育局教研室优秀论文一等奖5篇，有效推广了课题研究成果。

（二）研究实践成果促进了师生的发展

1. 优秀课例在实践教学中提高了学生的数据分析能力

课题组打磨的优秀课例《数据的收集与整理》《条形统计图》《可能性》《单式折线统计图》采用情境串教学法，引导学生学习、运用、拓展，达到了"收集数据、整理数据、表达数据、分析数据"的训练效果，不断提升了学生的数据分析能力。

2. 优秀讲座在实践应用中提升了教师的专业素养

2022年开展的"国培计划"攸县小学数学教师工作坊，通过导师们的《情境串教学法在统计与概率教学中的应用》《情境串教学法在可能性教学中的应用》《培养数据意识，提升核心素养》等讲座，提升了教师的专业素养。

3. 课题组构建的课堂教学模式得到了广泛应用

课题开展研究以来，研究成果受到普遍欢迎和好评，有效推动了攸县小学数学教学中提升学生数据分析能力的教学策略研究与实践，发挥了课题组的辐射引领功能。特别是构建的"统计与概率"课题教学模式得到了攸县小学数学老师们的喜爱，得到了广泛应用。

六、改进与完善

两年来的课题研究，在小学数学教学中提升学生质疑创新能力的实践上，我们从数学常规教学、信息化技术的结合、解题与建模、思维导图、校本课程与研究性学习相结合等方面进行了研究，有很大一部分学生对于数据主动收集并进行整理，然后在分析方面有了很大的提升，但是仍然有些学生起色不大，这值得反思和进一步研究。

此外，课题组在校本课程与研究性学习相结合这一方面具体还有哪些应用、如何客观地评价学生在数据分析方面的成长与提升等一系列问题还有待进一步研究。

参考文献

［1］中华人民共和国教育部.义务教育数学课程标准（2011年版）［M］.
北京：北京师范大学出版社，2011.

［2］刘玉婷.小学数学培养数据分析能力的基本路径探析［J］.才智，
2018（9）：16-18.

［3］周琦.核心素养下小学数学数据分析能力培养的研究［J］.数学大世
界（上旬），2019（5）：19，21.

［4］丁筱薇.培养数据分析观念，凸显数学核心素养：对袁晓萍老师《统
计里的秘密》赏析再谈数据分析观念的培养［J］.数学大世界（下
旬），2018（5）：66-67.

［5］李俊萍.核心素养下如何培养小学生的数据分析能力［J］.青少年日
记（教育教学研究），2018（3）：118.

［6］朱丽艳.小学生数据分析能力培养的研究［J］.课程教育研究（学法
教法研究），2017（9）：107-108.

［7］车丽容.小学生数据分析能力培养的策略［J］.师道·教研，2019
（9）：74.

［8］范明明.中小学生数据分析能力的培养研究［D］.武汉：华中师范大
学，2014.

［9］杨瑞松.基于小学数学核心素养展开教学：学科整合，彰显"数据
分析观念"核心素养的培养［J］.黑龙江教育（小学版），2016
（4）：16-17.

"县域教师培训与校本研修一体化的
实践研究"课题结题研究报告

课题主持人：贺国惠

主要研究人员：刘正茂、易卫星、张文耀、李志平、朱建清、张敏敏、陈利芳、刘伟明、刘善中、刘静、李雄飞、陈珊兰

一、研究概述

（一）问题的由来

源于新时代对中小学教师专业化的高要求。《关于全面深化新时代教师队伍建设改革的意见》《教师教育振兴行动计划（2018—2022年）》等文件以及教师专业标准、新课程标准等对于教师全员培训、岗位培训、教师培训机构建设等有了更具体的要求。教育综合改革的深入推进，尤其是新高考、新中考的实施，对教师的学习与发展提出了更高的要求。加强教师培训机构建设，整合各级培训机构力量，提升教师培训机构效能，有效实施分层、分类整体培训，迫在眉睫。

源于攸县中小学教师队伍结构不合理、不平衡现状。①教师年龄结构不合理。50周岁以上在岗教师占在岗教师总数的20.08%，30岁以下仅占12.58%。老龄化趋势在村小和片完小更为突出。②教师编制过紧。代课教师较多，2017年、2018年全县代课教师均在600人左右。③专业结构不合理，有的学校甚至没有个别学科的专业教师，亟须对教非所学的教师进行系统化的业务培训。青年教师扎堆偏远薄弱学校，导致乡村学校需要花费巨大精力和财力组织校本培训，但其有限的人力资源难以支撑。④绝大部分基层学校在本土专家力量、培训机制建设等方面存在天然不足，而县级教师培训中心则在培训需求分析、培训课程建设、培训效果评估和训后跟踪改进等方面必须依托各基层学校。统筹

县校两级资源，探索适合县情的县域教师专业培训和校本研修相融合的实践策略，能够整体提升教师专业水平。

源于攸县县域教师培训与校本研修存在的问题。县域教师培训存在培训时效短、管理难度大、跟踪记录少、辐射引领难等突出问题。学校校本研修不足明显：孤岛化，校本研修与县域教师培训严重脱节，只在本学校、本学科的范畴里"萝卜煮萝卜"，难以形成区域式、跨界式教研；行政化，缺乏常态校本教研机制，为指令而教研；碎片化，没有长远计划，没有短期目标，多为"一锤子买卖"式教研。

源于攸县国培实施过程中的收获与思考。攸县中小学教师对国培送教培训项目交口称赞。除了因为课程符合成人学习法则之外，还有如下原因：本土专家更接地气，区域连片研课更受欢迎，以校为本的训后效果巩固和辐射更见成效。国培只是平台，真正落地的应是校培。由此，我们有意识地在实施国培项目时对接校本研修，并有初步效果。

源于对国内外文献的研究。我们认为各国教师培训区域体系有如下特点：无论是以培训中心为中心、以教学法为中心、以教师为中心、以大学与中小学协作为主以及以学校为基地的培训都强调建立培训区链，区链教育培训有助于培训资源的整合，特别重视区域教师培训与校本研修的结合；"一体化"概念引入教师培训，有利于教师培训的常态化和科学化，很多地方教—研—训一体化教师培训机制已充分发挥效益；区域校本一体化研修也在不断地尝试，且产出了很多有质量的实践经验与模式。

（二）研究目标

模式目标：研究一体化培训的内涵——意义、价值、模型、效能等，探索出了一条适合农村中小学教师快速走上专业成长的校本研修的有效模式，具有辐射引领作用。

策略目标：以国培为契机，探索县域师训与校本研修的一体化有效实施的策略。

资源建设目标：培养约100名本土教师培训专家，实现本土专家与教师的双提升；建设10个左右基础示范校，每学科培养不少于10%的骨干名师，建设县级学科骨干专家库，建设优质教学案例库。

"五力"成效目标：通过一体化的实践研修，全面提升教师的校本研修力、优质成果的共享力、优质教师的引领力、县域师训行政的策划与实施力及优质成果辐射影响力，均衡城乡教师资源，全面提升县域教育教学质量。

（三）核心概念界定

县域师训：指以一个县为发展单位，以县教师发展中心为主导，全县教师为主体，针对全县教师中存在的问题，以整体提高县域内教师专业能力为目标，多以项目形式对全县范围内各级各类教师组织的各种形式的培训，既包含县教师发展中心自主策划、设计和实施的培训项目，也包括县发展中心承接、实施和管理的国培、省培和市培项目。

校本研修：以学校为发展单位，以本校教师为主体、学校为主导，以本校教育教学问题为对象，以提升本校教育教学质量为根本目的的一套学校教师专业发展制度，其核心是通过教师专业提升达成学生的发展和学校的发展。

一体化：指多个原来相互独立的主权实体通过某种方式逐步在同一体系下彼此包容，相互合作。在本课题情境下，一体化指通过整合县域教师发展中心和中小学校培训资源，共享共建培训策略，在教师培训目标、任务、内容、形式、机制等方面深度融合，合作互助，整体推进培训需求调研、培训项目规划设计、培训课程开发、培训项目管理及培训效果评估等工作。

（四）研究内容

现状研究：调研县域现状，采取对比研究法将现有教师培训效益与"县域教师培训与校本研修一体化的实践研究"进行对比研究；了解现有师训问题，以需定教，按需施教。

一体化实施机制研究：聚焦组织保障、制度保障、技术保障及经费保障等，突出运行机制建设、专业团队建设、项目设计及管理、课程研发及实施、成果建设等，形成资源统筹、运转有效的县域与学校教师培训一体机制，探索和提炼一体化实践研究的有效实践载体和平台。

团队建设研究：探索本土专家团队建设路径，培用结合，联点指导，加快专业成长速度；探索学习共同体建设路径，打破校际限制，实施县际内同伴互助合作学习机制建设一体化研究与实践。

校本研修长效机制建设研究：将县级智库专家引入基层学校，开展下沉式辅导，把专家请进学校听课、评课、磨课。举行"项目式现场研讨课"，聚焦问题，解决问题。

县域教师培训与校本研修一体化成果建设的研究：加强成果建设工作，分类整理研究成果，提高成果应用的信度和效度。

（五）研究思路与方法

基本思路：以问题为导向，调查研究县域教师培训及校本研修问题，以此作为研究的起点和出发点；以学习共同体为载体，学习国内外关于学习理论与教师培训模式方面的论著、研究成果，提升专业理论的指导作用；以国培为依托，以送教培训及教师工作坊为抓手，探索县域培训与校本研修一体化途径，构建县域中小学教师专业发展的培训模式和专业成长模式；以反思为推力，在行动—反思—行动中不断推进研究进程；以名师工作室为平台，建强建优名师工作室，为一体化培训提供本土专家资源；以课例研讨为焦点，将一体化研修的重心放在教学课例研讨上，落实课堂观察机制等方面的研究；以工具研发为突破口，整合县域力量，系统开发校本研修需求调研、培训项目设计、学习共同体建设、培训课程开发、研课磨课、效果评估等方面的培训工具，充分发挥工具的范式作用。

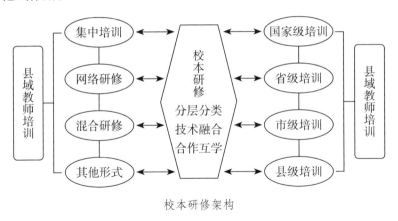

校本研修架构

研究方法：问卷调查法，用于调研培训主题，一体化实施中的问题以及一体化实施的效果评估等；文献研究法，通过对各种文献的研究，理顺研究的方向与线索；案例研究法，在培训中累积各种有效案例进行研究、破解，形成可支撑性资源；行动研究法，基于实际问题和实践经验，在反思观察—抽象归纳—应用实践—评估完善中萃取最佳实践成果，加大成果应用和推广力度。

（六）研究过程

第一阶段：2019年1月—2020年4月

建模，在尝试中改进。

整合相关机构。整合教研室、师训站、进修校师训科、装备站等机构精干力量，成立教师发展中心。

成立研究小组。以分管师训工作的副局长、教师发展中心主任贺国惠为课题主持人，教师发展中心副主任刘正茂为副组长，部分师训管理干部、教研员、名师工作室负责人为研究骨干力量。

构建"县域师训与校本研修一体四核"实践模式。"四核"驱动：抓成果建设，让成果为培训赋能；抓辐射引领，让辐射为学校赋能；抓送培入校，让国培为校培赋能；抓精细管理，让管理为效益赋能。

构建一体化施训模式。将"一体四核"模式应用于2019年国培工作中并根据实践情况对此模式进行完善。

第二阶段：2020年4—12月

练模，在改进中应用。

利用国培送教培训、教师工作坊以及信息技术2.0试点县项目，在应用中改进模式，在改进中完善模式。全学段全学科建设一体化名师工作室；推进县域培训与校本研修一体化培训的机制建设；研究县域教师培训与校本研修一体化考评机制；整合县域资源，研发一体化校本研修工具；总结县域教师培训的优秀经验，融合学校校本研修，初步形成县校两级培训相融合的一体化师训研修常态模式。

第三阶段：2021年1月—2022年2月

破模，在应用中拓展。

利用国培教师工作坊整校推进项目，将原有模式创造性发展为"四基五线五融一体共进"模式。加大成果建设力度。分类分批整理相关资料，主要是各类方案、制度、量表及开展的各项活动记录等。总结萃取成果，主要是针对县域教师培训与校本研修一体化有效途径策略的探索与实践方面撰写论文，总结特色，萃取实践性成果。撰写《"县域教师培训与校本研修一体化的实践研究"成果研究报告》。

二、研究成果

在研究过程中，针对攸县师训与校本研修中的实际问题，我们紧扣研究目标，以问题为导向，以案例为载体，聚焦县域一体化师训工作的机制建设、策略建设、实施模式和资源建设等，突出"五力"（教师的校本研修力、优师的专业引领力、师训工作者的策划与实施力、优质成果共享力、成果辐射影响力）提升，逐渐形成指向县域师训管理结构优化的"大管理观"，构建了具有县域特色且有较强辐射应用效应的县校一体"四基五线五融"师训管理模式，建立了县—区—校—小组—教师五级联动网络，点燃了教师"为改变 为幸福"的研修热情，固化了"国培计划"成果，全面提升了全县校本研修质量和攸县教师的专业能力与职业幸福度。

（一）成果内涵

1. "四基五线五融"关系图

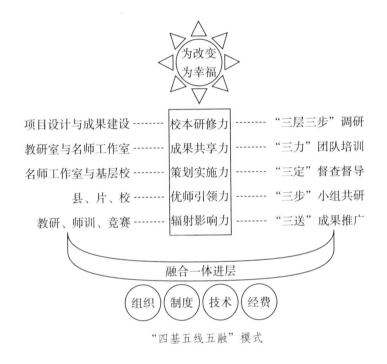

"四基五线五融"模式

2. 夯实"四基"是前提

夯实组织保障。搭建领导层、管理层、实施层"三层一体"的管理架构。组建县教师发展中心、县域专家团队、基层学校三级管理团队，实施研训"一体四维"培训管理。组建县教师发展中心、县域名师工作室、区域联片教研集团、教研组的实施层，以教研室、名师工作室为核心引领辐射，以教研组为支撑点，区域推进。

夯实制度保障。强化制度的约束作用，建立管理制度体系。根据培训项目实际和县域实情，制定系列学习奖惩制度、管理制度、文化建设制度、考核制度。强化标准的导向作用，制定管理标准体系。对学习需求分析、学习环境设置、学习内容选择、学习行为规范、授课导师和学员的遴选、课程设置、学习效果评估等，研发工作标准。强化考核的引领作用，强化评价建设。考核工作做到"三个三"：考核内容"三纳入"——纳入学校年度目标考核、纳入教师晋级、纳入绩效考核；考核方式"三可见"——研修成果可见、研修态度可见、研修行为可见；考核过程"三公开"——公开考核程序、公开考核标准、公开考核结果。

夯实技术保障。建立专家团队。县域专家团队由省国培专家、县发展中心专家、域内骨干校长等组成，开展问题诊断，确定研修总主题，指导研修方案设计和研修课程开发等。学科专家团队由教研室、名师工作室成员、项目校骨干教师组成，包括域外专家。

夯实经费保障。协调县财政按照相关规定，足额预算每年的师训。根据上级相关文件精神和县域实情，完善县域师训经费使用办法，确保师训经费用得规范、符合标准、用在刀刃、用有所值。

3. 优化"五线"是关键

优化调研线：需求调研"三层三步"：①县教师发展中心采用问卷调查、推门听课、座谈访谈、新课标学习等形式进行组织维度的教师培训一体设计，预计成果需求调研。②各学科团队组织学科教师针对筛选出的问题进行工作维度的需求调研，在此基础上选择并提炼出学科研修主题。③最后教师发展中心组织专家就一体设计成果预设进行论证。

优化内训线："三力"团队培训。设计三段式"三力"团队培训，培训对象为教研室教研员、校本研修管理者、名师工作室核心成员。"三力"培训：培训启动前组织项目策划力培训，培训实施前组织课程实施力培训，培训结束前后组织成果萃取力培训。

优化督导线："三定"督查督导。一是定期学情通报。设计攸县中小学教师研修学分达标进度表，定期通报全县各学校学情。二是定期督查督导。采取现场考查、学员访谈、资料查验、推门听课、学生问卷、交流反馈等方式，对各学校及各项目组织管理、实施质量、研修成效等情况进行视导，当场反馈，及时通报全县。三是定期总结研讨。总结研讨会内容一般为：总结前阶段工作，提出目前存在的问题与困惑，交流后阶段工作设想等。县教师发展中心通过总结研讨会及时掌握各个学校、各个研修项目研修情况，各学校及各项目实施团队通过总结研讨会学习到了先进经验，找到了自身的问题及解决办法。

优化共研线："三步"小组共研。将小组学习作为提升校本研修和项目研修的关键点。第一步，分组：遵循教师发展规律，按照教师发展层次分组，校本研修按照教研组（备课组）分组，项目研修按照小组内同质、组际异质原则分层分组，按照新教师、青年教师、资深教师分成了若干个学习小组。第二步，建模：凝练小组学习模式。推行小组行动学习"三步法"：基于主题，围绕导师的示范课进行议课；小组同课异构，互研互磨；最后集中研磨、碰撞智慧。第三步，萃取：小组集体打磨研修成果，萃取集体智慧，提升组内学员水平。

优化展送线："三送"成果下乡。开展年度研修成果巡展暨送教下乡工作，通过示范引领、按需送培、展培结合等形式，送精神（选取优秀导师、优秀学员进行微演讲）、送专业（展示导师示范课及学员优质课）、送资源（将优质成果——优秀教学设计、微课、微分享、微视频等以电子稿形式推送至学校公众号或教职工微信群内展示；将凝练的课堂教学模式或教学策略以讲座形式在送培校中加以展示）。

4. 做实"五融合"是手段

（1）项目设计与成果建设融于一体。坚持以终为始，以成果作为提升研修效益的引擎之一。训前设置成果预期环节，激发学员学习的期待感；训中加大成果整理指导力度，激发学员学习的成就感，训后或训后一段时间开展成果展示、成果应用及推广相关活动，激发学员的幸福感。目标设计与成果预设融于一体。设计成果清单一张表，教师发展中心、导师团队、学校管理团队、教师个人在学习之初要预设一个成果清单，做到规定项目与自创项目相结合，规定各学科必须完成的成果整理和提炼项目，同时要求各学科根据学科不同特点，自行整理优质成果。抓实成果萃取工作，每年举办专门的成果萃取培训班，训前提交成果初稿，训中聆听专家讲座以及团队研讨成果初稿，训后修改凝练研修成果。

（2）教研室、名师工作室融合发展。教研员与名师工作室成员组成学习共同体，共同引领学科研修学员开展线上线下研修以及指导学员开展教育教学活动。学员的遴选由教研室和名师工作室全权负责。两室一体融合，为研修提供了有力的技术支撑，从而实现了研修效益最大化。

（3）名师工作室与基层学校融合发展。建立名师工作室联点（基层学校）指导机制。每个名师工作室与若干基层学校建立校本研修技术帮扶关系，从校本研修的需求调研、项目策划、课程设计、效果评估等全方面提供技术帮助。

（4）县、片、校融合发展。采取"县域统筹，片区联动，学校铺开"一体化研修模式，全员全程全方位推动师训工作的有效实施。以县域研修项目实施为例，与之对应的校本研修项目经历了如下阶段：县教师发展中心提供方案模板，各校根据校情精心设计校本研修方案，各片区组织各校实施方案展示汇报，全县组织集中汇报。县、片、校一体融合发展，极大地缓解了乡村学校本土专家资源不足的问题，浓厚了各乡村学校的校本研修氛围，促进了片区内各学校之间的团队学习。

（5）教研、师训、竞赛融于一体。一体设计校、片、县三级教育教学活动竞赛项目，促进校本研修与联片研修、县域教育教学竞赛深度结合，提升"研赛培"一体实施效果。县教师发展中心组织的"研赛培"一体教育教学大赛，分为学校初赛、片区复赛、县级决赛，比赛主题为当年度县域学科研修主题。此活动推进了校本研修长效机制建设和联片研修机制建设，为偏远学校和薄弱学校师资建设提供了有力支撑。

（二）形成的重要研究观点

（1）县域教师培训与校本研修一体化的实践模式完全适应新形势要求，较好地解决了校本研修的标准问题、人力支撑问题以及成果建设问题，针对性强，易为一线教师悦纳，能高效提升教师素质，值得推广。

（2）一体化建设首要问题是机制建设问题，在一体化建设过程中应特别重视组织机制、联动机制以及评价机制的建设。

（3）一体化建设关键问题是人力建设问题。应加强教研员—名师工作室成员—学校骨干教师三级技术团队建设，以目标为引领，在培用结合上做文章。

（4）一体化建设核心问题是成果建设问题。加强成果建设有利于提升广大教师对于研修的期待感、收获感和幸福感，有利于成果的萃取与推广应用，可以让更多的学校与教师在教育伦理与教育专业方面得到提升。

（5）一体化建设终极目标是建设校本研修长效机制。在县域统领下的研修一体化给校本研修植入了科学规范元素，对校本研修具有极强的范式效应。

（三）研究特色与价值

1. 研究特色

（1）创新了组织保障的方式。县校名师专家资源共享体系的建立，为校本研修奠定了坚实的基础。

（2）创新了专业支撑的方式。统筹县域师训资源，聚焦校本研修，既拓宽了县域专家的专业视野，又丰富了各中小学尤其是小规模学校（学区）优质专家资源的渠道和数量，为各学校提质校本研修提供了专业支撑。

（3）创新了高效研修的方式。县域名师直接介入校本研修项目设计、课程开发、效果评估等各环节，使得校本研修项目的设计和实施更加专业，有力地改变了校本研修专业性不强、实效性不高的现象。

（4）创新了团队学习的方式。县域名师联点指导中小学校本研修，丰富了名师工作室团队学习的方式和渠道，提升了名师工作室核心成员的格局和情怀，有力地改变了工作室工作内容碎片化和需求缺位倾向；同时，工作室成员能够在校本研修指导中不断学习和提升，加快了专业成长速度，实现了教学相长。

2. 研究价值

（1）学术价值。①本研究成果关于县域师训体制机制建设模式、县域优质师培资源建设、应用模式，在现有理论中对农村学校师训研究不够丰富的现象有一定补充作用。②本研究成果丰富了校本研修长效机制建设的内涵、特征与策略的理论。③本研究成果关于乡村教师在真实学习、深度研修中专业成长的内涵、特征以及外显行为的观点丰富了教师教育理论。

（2）应用价值。①相对已有的教师培训模式，"四基五线五融"模式符合成人学习法则和管理学法则，切合广大县域师训实际，最大化地发挥了县域优质师训资源的优势，有很强的推广价值。②"四基五线五融"模式聚焦校本研修，在推进校本研修长效机制建设以及高效实施等方面保障有力，策略科学，资源足用，具有很强的应用价值。

三、研究收获

县域师训行政、专家团队、各基层学校行政、全体教师等多元主体参与的县域师训一体化建设，至今已实施近四年，取得了可喜的收获，尤其是"五力"效能建设取得了很好的效应。

教师的校本研修力。在攸县国培项目实施效益评估中，学员优课率达97.5%，培训后学生对教师的满意度增长了10.6个百分点，教师课程指导力和自我认同度平均分别增长13.6和8.0个百分点。"为改变 为幸福"的研修精神深入全县学校教师灵魂，教师的研修热情渐涨，研修能力有大幅度的提升。

优质成果的共享力。学校资源利用率增长26.5%，各学校纷纷主动将县域研修成果应用于校本研修中，更新了广大教师的教学理念，课堂教学效益明显提升。以2020年为例，有13位教师运用国培研修成果的课例获得省市优质课大赛的奖励，58位教师运用国培研修成果撰写的论文获得省市奖励。

优质教师的引领力。四年来，通过全县区域的一体化师训研修，我们整合并打造了一支优质教师团队。在方案制订、行动策划、活动实施、研课磨课、成果萃取等方面，在"五线五融"过程中，他们就像是星星之火，在攸县各个学校不同岗位发挥着巨大的引领示范作用。

培训的策划与实施力。四年来攸县师训管理部门在策划能力、行动研究能力、项目实施能力和科学评价能力上有了长足的进步。项目设计有突破，校本研修项目从粗放式的设计逐渐向国培项目标准靠拢，有需求调研、多轮研磨、团队学习、效果评估等。机制建设有突破，各学校也开始注重顶层设计，从组织保障、技术保障、制度保障、经费保障进行长规划、短计划，有力地改变了运动式、碎片化及孤岛化的校本研修现状。连续四年，攸县国培项目县绩效考核均排在全省前列。在2021年湖南省国培优秀案例评选中，攸县有4个案例被评为典型工作案例（全省共20个）。

成果辐射影响力。攸县县域教师培训机制体制经验2019年在韶关学院得到推广。攸县教师工作坊研修整校推进项目实施经验在2021年全省工作坊整校推进自主研修项目管理者高研班分享，并在《湖南教育》2021年9月得到推介。攸县信息化提升工程2.0项目实施经验在全省"国培计划"（2020）市县能力提升工程2.0管理者高研班上分享。据统计，近两年攸县师培经验在全省至少9个地级市17个县市区加以推广。

公开发表的文章：

贺国惠、张敏敏：《以成果建设为抓手，提升研修幸福感》，发表于《教师》2020年第1期（总第412期）。

易卫星：《小技术，大智慧——信息技术在国培项目实施中的融合应用》，发表于《教师》2020年第7期（总第418期）。

贺国惠、刘正茂：《"一体四核"创新教师培训》，发表于《中国教师报》2020年11月25日第15版"区域教育"周刊（有课题成果标识）。

陈利芳：《教师工作坊"4+3"实践模式的探索》，发表于《教师教育》2021年第7期（总第379期）。

李雄飞、周春媛：《创新教师培训，加快乡村教育发展》，发表于《教师教育》2021年第7期（总第379期）。

张文耀：《推进"研训一体"，做实"校本研修"——湖南省攸县推进"研训一体"的实践与思考》，发表于《教师教育》2021年第9期（总第385期）。

张敏敏、贺国惠：《写好高质量研修的四篇"文章"——以攸县教师工作坊研修整校推进项目为例》，发表于《湖南教育·A版》2021年第9期（总第1147期）。

贺国惠、刘正茂、易卫星、李志平：《名师工作室联点指导机制建设初探》，发表于《教师教育》2021年第12期（总第393期）。

四、反思及打算

（一）存在的问题

理论学习力度需加强。在实践研究中，我们越来越感觉到理论指导的意义与价值，作为县域师训管理者，需要从更多的方面学习相关的理论知识，以丰富的理论指导实践，提升日常研究与师训管理的质量。

县域师训与校本研修的契合度研究需强化。一体化的设计有可能淡化学校校本研修的主动性，基层学校只是一味听号令，缺乏研修的主观能动性。下一步研究需要以一体设计为总揽，在一体化的背景下增加教师的自选项，调动学校的自主性，将二者更好地融合，发挥更大的效益。

研究成果提炼与应用力度需加强。不管是县域层面还是校级层面，在成果的提炼与应用力方面尚有缺陷。如何更好地提炼"一体化"的成果？如何将"一体化"的成果资源效益最大化？这些问题需要进一步加强。

（二）今后的打算

加强业务学习。构建理论学习共同体，提升县域师训管理层面成员理论素养。"走出去""请进来"，多交流，多学习。

加强行动研究。"一体化"的研究过程，更需要对具体的行动进行分析，以问题为导向，以案例为载体，向过程要效益，向管理要成果，向研究要质量。

"四点"深度融合。加大"两室融合""研赛培融合""室校融合""坊校融合"力度，尝试推动落实"县—片—校—组—人"五级联动模式。

加大萃取力度。在萃取成果上加大力度，完善县级统筹、以校为本、团队带动、教师自主、立足课堂、应用驱动、整校推进研修新机制，完善"四基五线五融"的县域师训与校本研修一体化推进新模式。

推进应用推广。利用2022年"国培计划"教师工作坊研修整校推进国培项目县（第二年）的契机，积极应用前期研究成果，不断探索，及时修正，加大研究成果的应用与推广力度。

县域县校一体化师训是一项系统化工程，多元主体协同参与管理体系的构建与管理能力的建设更是一个长期过程，很难一劳永逸。"五项管理""双减"等诸多教育政策的出台，对新时代师训工作提出了更高的要求，需要我们因地制宜，因时而变，更需要我们聚焦教育高质量发展，落实精准培训要求，不断思考，不断创新，推动教师培训高质量发展。

中篇

融合

如何把各方的力量聚合在一起，聚合力量把"国培"这件大事做实做好做优，是我们一直在认真思考的问题。这应该也是从事诸如"国培"等大型培训工作要重点考虑的一个问题。经过三年时间、多个学科的不断尝试、实践、反思、总结，我们摸索出了一些行之有效的做法。

本篇章着重介绍我们在"国培"中优化"融合"的基本做法。

您将了解到我们是如何建立县教师发展中心、名师工作室、联点指导校三方联动机制，如何聚合多方平台有效进行团队指导、联片研究、信息化支撑、工具支持、考核助力、成果萃取的。您将了解到学科培训管理团队、专家指导团队、学员学习共同体等团队是如何制订学科培训方案，如何进行线上线下培训、考核等工作的。您将了解到各学科是如何制定各类工具单、评价量表以及使用情况的。为了方便您了解、理解，我们都附有具体的案例，以便您建模、操作。

希望我们的做法能给您带来全新的认知和体验！

"六阶三段两循环"县域教师培训者培养模式

——2022年攸县国培工作案例

攸县教师发展中心　贺国惠

一、问题背景

县域普遍存在教师培训者人力资源不够丰富、不够专业、不够主动的短板，这严重影响了县域师训和校本研修的质量。如何最大限度地实现县域教师培训人力资源最优化，从而实现教师培训聚焦实践问题、提升工作绩效的目标？在多年实践的基础上，攸县教师发展中心根据成人学习理论和认知理论，构建了"六阶三段两循环"教师培训者培养模式，并将此模式细化为如下两个实践模型：①"认识—省察—培训—实践—阅读—输出"六阶贯通式培养模式，通过经验学习圈理论的应用以及反思实践性学习理论的应用，提升教师培训者的专业施培能力；②"开发力—实施力—成果转化力"三段式培训模式，通过问题导引式的培训，提升教师培训者的专业施培能力。

二、主要做法

（一）六阶培养

"六阶培养"是一个循环发展的过程，从教师培训者的专业理念、专业知识和专业能力等维度，在宏观层面对教师培训者进行专业培养。

1. 通识学习

通识学习（认识）主要解决"是什么"的问题。教师发展中心面向全县骨干教师，尤其是名师工作室骨干成员，举行教师培训者培养对象培训。通过学习教师培训专业理念、使命担当、专业标准等，学员初步认识到教师培训者的责任使命、能力标准、努力方向。

2. 反思学习

反思学习（省察）主要解决"为什么"的问题。教师发展中心面向教师培训者培养对象遴选教师培训者。遴选之后，组织教师培训者反思学习，分为三个步骤：①学员通过SWOT工具分析自身优劣；②中心组织学员面谈，引导学员深入省察自身专业状况；③学员自我规划成长路径。通过深度反思，学员对教师培训有了较为深入的价值认同和较为明晰的职业规划。

3. 入格学习

入格学习（培训）主要解决"如何做"的问题。针对具体项目和教育教学实践中的痛点、堵点、热点等，教师发展中心精心策划，适时组织因需而设的培训项目。培训项目有如下两类：一是大而全的项目，如项目启动前的七天左右的培训班，主要课程有工作坊（校本）研修有效策略、工作坊（校本）研修方案的设计、工作坊（校本）课程实施策略、工作坊（校本）成果凝练策略等；二是小而精的项目，以适用、足用、解决问题为宗旨，如针对研修主题的确定、研修活动的设计、线下研修课程的设计、研修过程中暴露出的班级管理问题的解决策略等组织为期半天或一天的短训班。通过入格学习，学员对于培训项目的背景、要点、实施策略、评价办法、成果建设有了较为深入的认识和实操能力，从而为项目实施奠定了良好的基础。

4. 岗位学习

岗位学习（实践）主要解决"如何用"的问题。应用是最好的学习。为促进学员学以致用，更深程度内化培训效果，更大程度发挥引领作用，教师发展中心就学员的岗位学习做了专门的设计。一是推广，基于研修主题的一堂公开课和一堂微讲座；二是教研，基于研修主题的一个微课题和一个片区教研活动；三是提炼，基于研修主题的一篇工作反思和一篇或多篇教育论文（教育叙事）。通过岗位学习与实践应用的融合、与校本（片区）研修的融合、与成果输出的融合，加速教师培训者的专业成长。

5. 理论学习

理论学习（阅读）主要解决"如何补"的问题。为解决教师培训者理论素养不够、实践策略缺乏学理的问题，教师发展中心举行教师培训者"悦读悦分享"共读活动，全体教师培训者每个季度共读一本专业书。读书活动分为"书目推荐、读书打卡、心得分享、化书为课"四个环节。"书目推荐"环节要求每个学员推荐一本书并写明推荐理由，之后每个学员投票决定共读书目。"读书打卡"环节规定每个学员每周阅读的数量，要求学员联系实际思考解决问题的路径、方法、策略，联系实际撰写读书心得。"心得分享"环节每周一次，除主嘉宾外，每次随机抽取三名左右学员分享本周学习心得。"化书为课"环节要求每个学员在读完一本书之后，开发一门与此相关的培训课程。通过理论学习，学员补上了理论的短板，增加了理论素养，提升了培训的科学性和有效性。

6. 提升学习

提升学习（输出）主要解决"如何输出"的问题。输出是最好的学习。县域教师培训者普遍存在的一个问题就是对最佳实践成果的萃取不重视、不专业。为破解这个难题，教师发展中心特意设计"提升学习"环节。一是组织成果凝练的短训班，让学员明晰成果的标准、凝练的策略等；二是研修成果汇报活动，以任务为驱动，促使学员及时总结提炼成果；三是组织成果评比活动，以激励学员积极撰写成果，认真萃取最佳实践成果。

（二）三段培训

"三段培训"过程同样是一个循环发展的过程，聚焦具体培训项目和课程的策划、实施、管理和评价上，从微观层面加速教师培训者的专业成长。

1. 开发力培训

通过成人学习原理、培训方案制订、培训主题提炼、课例研究策略、培训工具开发和使用、培训课程开发等课程的集中学习，以及团队展示、任务实操等，提升学员的项目开发能力以及课程开发能力。

2. 实施力培训

通过项目实施和管理策略、学习型组织建设、校本研修策略、学习绩效评估策略等课程的集中学习，以及团队研讨、成果展示等，提升学员项目管理和课程实施能力。

3. 转化力培训

通过课题研究策略、成果凝练策略、成果应用策略等课程的集中学习，以及岗位应用、成果展示等，提升学员研修成果凝练、应用、推广的能力。

"六阶三段两循环"教师培训者培养模式的说明：

（1）"六阶培养"模型中各个具体环节的顺序可以根据实情进行调整。

（2）"三段培训"模型中"开发力、实施力"属于"专业能力"范畴，其培训一般在"六阶培养"模型中的"培训"和"实践"两个学习阶段，"转化力"属于"成果应用"范畴，其培训一般在"阅读"和"输出"两个学习阶段。

（3）两个培养培训模型构成了两个循环圈，通过不断循环，推动教师培训者专业能力迭代提质。

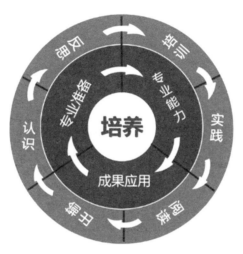

"六阶三段两循环"教师培训者培养模式

三、主要经验或成效

"六阶三段两循环"教师培训者培养模式经过近五年的探索，于2022年基本成型，并取得了非常好的实践效果。

（一）培训者队伍成长效益可观

培训者队伍中获评正高级教师4人、特级教师3人、省级教师培训师2人。参加省"双名工程"培养对象学习4人，株洲市"双名工程"培养对象8人。教师培训者研修成果应用于课堂，得到了99.2%学生的高度认可。省规划课题"县域师训与校本研修一体化实施的实践研究"在2022年结题并被评为优秀课题。教师培训者培训项目首席专家主持的师训实践研究成果获评第五届湖南省教育教学成果三等奖。

（二）培训项目效益可观

作为"国培计划"项目县，攸县各学科团队的导师均由教师培训者培养对象担任，他们出色地完成了示范引领、课程教学和项目管理的任务，攸县国培工作得到了省市教师发展机构的高度认同，历年来均为优秀单位，97.2%的国培学员学有所获并将学习成果应用到了课堂。此培养模式被应用在县域家庭教育讲师的培养项目上，教师培训者团队主干成员58人通过遴选成为攸县家庭教育讲师（目前63名），开发了大量家庭教育课程，举行了丰富的家庭教育学习活动；攸县家校社协同育人经验在2023年全国家长大会上作了经验分享，94.82%的家长家庭教育理念得到更新，94.99%的家长认为自己育儿能力明显改进。

（三）研修成果应用可观

攸县的县域师训和校本研修一体化实施的经验成果在河南、吉林、陕西、湖南、广西五省17个地州市加以推广。教师培训者的研修成果（研修主题、课堂模式、管理经验、成长案例等）积极应用在校本研修中，成果应用率超过97%。

以室联校，助力国培模式落地

——以攸县为例，浅谈名师工作室联点指导机制建设实践

攸县教师发展中心 贺国惠 刘正茂 易卫星 李志平

《教育部 财政部关于实施中小学幼儿园教师国家级培训计划（2021—2025年）的通知》（教师函〔2021〕4号）指出："完善教师自主发展机制。强化分层分类，实施精准培训。完善线下集中培训、在线培训、校本研修融合的混合式培训，推进教师常态化学习。开展教师自主选学试点……探索教师自主发展机制。开展教师培训整校研修模式改革探索。"据此可知，校本研修将是"十四五"国培工作的重点。但实施校本研修，很多校长遇到了如下问题：一是本校的学科专家不能胜任教师培训者的角色；二是小规模学校校本研修项目因本校专家不够用而受制约；三是相当多学校因专业力量匮乏无法建立校本研修长效机制。另外，国培项目的实施为项目县培养了一支本土培训者团队。这支队伍人数较多，有教育情怀，培训指导和实施能力较强，完全有能力在促成国培模式引领校本研修持久高效实施中发挥专业支撑作用。

攸县国培项目实施的主力军为各学科名师工作室。在国培这个平台的磨砺下，他们迅速从学科专家成长为双师型专家（学科专家兼教师培训专家）。为更好地发挥名师工作室的引领作用，攸县尝试建立了名师工作室联点指导机制。名师工作室除承担国培项目施培任务外，还承担将国培模式落地于校本研修的孵化任务。所有名师工作室均与基层学校建立了业务指导关系，主要任务是为校本研修方案提供专业指导、为校本研修活动提供技术支持、对校本研修质量加以监管、对校本研修效果加以考核评估、助力校本研修成果的推广应用等。

一、联点指导的原则

众所周知，名师工作室是一个专业发展共同体，肩负示范、辐射、指导和引领专业发展的使命。它不是一个行政机构，也不是严格意义上的学术机构，因此，要将名师工作室的专业力量运用于各学校的校本研修中，必须依赖教育行政部门或教师发展中心的顶层设计和统筹协调。在推进此项工作中，我们秉承了如下四个原则。

（一）室校融合

县名师工作室对联点校校本研修各环节进行技术指导，具体包括：与联点校联合制订和修改研修方案，联合实施研修项目，联合组织研修成果展示、跟踪应用等工作，从而实现深度融合。

（二）资源共享

县名师工作室与联点学校的专家共同组成校本研修的专家团队，共同实施校本研修，实现工作室与联点校研修资源共享共进。

（三）专业指导

发挥名师工作室的专业优势，指导联点学校分层分类设计校本研修项目和研修课程，联合实施校本研修成果，提升研修的针对性和实效性。

（四）以终为始

将成果建设置于校本研修项目设计的首位，指导联点校以清晰的成果建设路径激发教师研修的积极性和幸福感。

二、联点指导的主要做法和策略

（一）实践措施

名师工作室联点指导学校的校本研修，在攸县属于开创性工作。为更好地做好此项工作，我们设计了如下实践措施。

1. 团队指导

以学科为单位，将县教研室的学科教研员、名师工作室核心成员以及学校的本土学科专家，组成校本研修专家指导团队，既避免了单打独斗无精力、无能力的尴尬局面，又凝聚了团队智慧，还能在实践中提升团队的专业水平。

2. 联片研究

根据学校区位划定若干个研修片区，指定学科名师工作室和牵头联点校，实行联片研修。联片研修能极大地丰富校本研修专家资源，能解决小规模学校每个年级学科教师只有一到两人很难组织团队学习的问题，能极大地丰富小规模学校校本研修的项目、形式和方法。

3. 信息化支撑

借助信息化平台实行定人、定时、定主题、定专家的跨时空研修。此举既能缓解名师工作室成员工学矛盾，又有利于实行联片研究，还能推进信息技术融入课堂教学的研究与实践。

4. 工具支持

特别重视教师培训管理工具的研发与使用，为联点指导工作提供支架。一方面教师发展中心提供联点指导工作清单、工作流程、考核细则以及校本主题研修基本流程、校本研修项目设计导引单、校本研修方案设计流程等工具单；另一方面，要求各名师工作室根据实情研发用于各联点校校本研修的工具单，如基于主题研修的观课工具单、基于新教师成长的成长记录卡等。

5. 考核助力

将考核评价作为提高联点指导工作效益的最重要抓手，以评定等，以评促变，既考核联点校，也考核名师工作室。考核方式以成果展示为主，以量定等为辅。考核结果既运用于学校年度目标考核和名师工作室年度考核，又纳入学校绩效考核范畴和名师工作室绩效考核范畴。

6. 成果萃取

真正的改变来自成果的应用和完善，其前提是必须萃取最佳实践经验成果。在实践中，不断提升成果萃取能力，萃取可复制、可推广的校本研修成果，并制订科学的研修成果应用推广方案，加大示范引领、榜样带动的力度。

（二）创新性举措

经过一年多的实践，我们认为，名师工作室联点指导校本研修机制在助力国培模式落地于校本研修方面有如下三个创新性举措。

1. 创新了组织保障的方式

县校专家资源共享体系的建立，一改过去名师工作室与学校本土专家各自为政的局面，更为名师工作室指导校本研修提供了制度保障和组织保障，从而为名师工作室成员成为校本研修种子管理者和种子教师奠定了坚实的基础。

2. 创新了专业支撑的方式

在过去，名师工作室研修活动或局限于工作室成员，或局限于学科内部，既缺乏全局性，又缺乏系统性。建立联点指导机制，将名师工作室专业资源用于校本研修，既拓宽了名师工作室的专业视野，又丰富了各中小学尤其是小规模学校（学区）优质专家资源的渠道和数量，为各学校应用国培模式提质校本研修提供了专业支撑。

3. 创新了高效研修的方式

名师工作室直接介入校本研修项目设计、课程开发、效果评估等各环节，使得校本研修项目的设计和实施更加专业，有力地改变了校本研修专业性不强、实效性不高的现象。

三、联点指导工作的成效和思考

（一）显著成效

名师工作室联点指导机制的建立在如下四个方面有着极大的推广价值：一是解决了县域本土专家资源不足的问题，推进了校本研修专业实施，最大化发挥了名师工作室作用，加快了名师工作室的专业成长。此机制有效改变了县域师训优质专家资源不均衡、不充分的状态以及县校两级师训脱钩的现象，促成了国培模式在校本的落地，有利于校本研修长效机制的建立。名师工作室、联点指导机制实施一年多来，成效显著，主要表现在如下三个方面。

1. 名师工作室成员成长速度加快

在2021年公布的湖南省"国培十年"系列评选中，攸县特殊教育团队、幼教团队所实施的送教培训项目被评为精品项目（共21个，含高校和省市教培机构），县教师发展中心以及初中历史团队所撰写的案例被评为典型工作案例（共27个，含高校和省市教培机构）。

2. 国培项目实施效益可观

2021年，攸县国培项目县绩效考核继续排在全省前列。在湖南省"国培十年"评比中，攸县被评为国培计划示范性项目县。在2020年工作坊研修中，攸县3个工作坊均被评为A类，且排名靠前，小学数学工作坊排名第一。在攸县国培项目实施效益评估中，学员优课率达97.5%，培训后学生对教师的满意度增长了10.6个百分点，教师课程指导力和自我认同度平均分别增长13.6和8.0个百分点，学校资源利用率增长26.5%。

3. 校本研修焕发生机

一是成果应用有突破，各指导团队将国培研修成果（如课堂教学模式）植入联点校，更新了联点校教师的教学理念，课堂教学效益明显提升，据统计，有13位教师运用国培研修成果的课例获得了省市县优质课大赛的奖励，58位教师运用国培研修成果撰写的论文获得了省市奖励。二是项目设计有突破，校本研修项目从粗放式的设计逐渐向国培项目标准靠拢，有需求调研、多轮研磨、团队学习、效果评估等。三是机制建设有突破，各学校开始注重顶层设计，从组织保障、技术保障、制度保障、经费保障进行长规划、短计划，有力地改变了运动式、碎片化及孤岛化的校本研修现状。

（二）思考

能够取得如此显著的成效，有如下三点坚持并不断创新。

1. 加强培训是前提

培训对象包括指导校的领导和名师工作室成员。培训的内容既包括校本研修机制的建设、教师发展路径，也包括县域指导方案的解读和再设计、保障机制的建设等。培训的方式既有专家讲座，又有团队学习和岗位研修。

2. 建立机制是关键

县教师发展中心要做好顶层设计，搭建好教育局、教师发展中心、学校三级管理体制以及教研室、名师工作室、学校教科室三级专家团队，设计好制度体系、经费保障体系、工作机制等。

3. 厘清职责是核心

县教师发展中心关键是厘清名师工作室与联点校在开展校本研修中各自的职责。名师工作室的职责是统筹专家资源、提供技术指导等，学校的职责是组织实施，提供研修环境保障和后勤保障等。

[本文系湖南省教育科学"十三五"规划2020年度一般资助课题"县域教师培训与校本研修对接策略的实践研究"（课题批准号：XJK20BJC023）阶段性研究成果。]

强化联动机制，全面提升研修效果

——以攸县初中语文教师工作坊（C0605）整校推进项目为例

攸县教育局教育科学研究室 朱建清

一、背景与现实

《教育部 财政部关于实施中小学幼儿园教师国家级培训计划（2021—2025年）的通知》（教师函〔2021〕4号）中指出，"国培计划"要"健全项目区县、高校、中小学校和幼儿园协同发展机制""健全教师培训工作机制""推进教师培训提质增效和教师队伍高质量发展"。由此可见，作为县级培训主要载体的工作坊要实现"使优秀教师走向卓越，一般教师获得发展，并及时解决教师教育教学中的问题，促进基础教育改革和发展"的培训目标，打造学习共同体，促进教师协同发展，必须思考教师培训者（管理者）、中小学校、参训人员之间的关系，积极探索、建立并强化长效机制，而多方联动机制是其中较为有效的机制之一。

目前，县级工作坊在联动方面存在一定的瓶颈：独而不联，联而不密，密而不动，动而不效。为此，我们做了有益的尝试、探索。下面谨以2021年攸县初中语文教师工作坊（C0605）整校推进项目为例，加以阐述。

二、实施与策略

（一）强化"坊坊"联动。

"坊坊"联动是指工作坊与工作坊之间的联动。"坊坊"联动具体的联动方式可以用"纵"和"横"来概括。

1. 纵向联动

纵向联动是指以时间为轴，向往年历届各市、州、县的优秀工作坊学习。学习优秀工作坊的文化建设、方案设计、课程设置、活动设定等，采用"拿来主义"原则，用辨别的眼光借鉴创新，将往年优秀工作坊坊主聘为顾问指导，学习其先进经验，借鉴其成功做法。

2. 横向联动

2021年攸县共有13个学科工作坊全面启动培训，语文教师工作坊（C0605）是其中之一。为了搞好工作坊的各项工作，我们特别注意横向联动。在县局一张蓝图绘到底的精神指引下，语文教师工作坊（C0605）积极参与攸县教师发展中心组织的研修主题论证会、培训方案可行性论证会和课程设置论证会，以开放的心态、求真的态度、求实的做法，向其他工作坊学习。在其他工作坊主持人汇报工作设想时，我们一边听一边思考，逐渐完善语文教师工作坊（C0605）的工作思路，形成成熟的方案。每召开一次"三人行"团队会议，我们都会积极借鉴其他工作坊的做法，积极反思，纠错创新，形成想法，找到办法，优化做法。

（二）强化"坊校"联动

"坊校"联动主要是指工作坊与学校的联动。"坊校"联动主要包括工作坊与基地校的联动和工作坊与项目校的联动。

1. 与基地校的联动

此联动主要是学员线下的集中研修活动，旨在发挥基地校的示范引领作用。基地校的示范引领主要是两个方面。一是集中研修活动如何开展，要给项目校以示范。二是基于研修主题的专业引领，要给学员以示范。专业引领包含两个方面：一是实际操作层面，主要是优质课的打造，要求基地校学员或名师工作室成员上精品示范课。基地校的备课组或教研组成员全员参与，围绕研修主题，敲定授课内容，优化课堂环节，打磨教学细节，互研互磨，群策群力，打造示范课堂，促进校本研修，促进研修主题落地。其间，工作坊的"三人行"团队会到基地校现场观课议课，坚持"优点讲够、缺点讲透"的原则，真研细磨，直至符合标杆要求。示范课让学员明晰了"两主六步"作文教学的含义和课堂操作要领，优化了教案设计模板。学员从不知道怎么教，到教得比较好，完成了作文教学的华丽转身。二是理论学习层面，主要是邀请基地校在作文教学方面有专长的教师，一般是高级或正高级教师，进行理论授课。围绕研修主题的必要性、重要性、策略性等方面与学员进行切实的交流，进一步廓清认识，统一思想，明晰做法。从学理的角度帮助学员提升、成长、发展。

2. 与项目校的联动

此联动主要指在辐射引领环节，发挥项目校的辐射推进作用。研修结束后，学员返岗研修并发挥"种子"教师的作用，通过"三个一"（一堂公开课、一次专业成长分享、一个基于研修主题的微讲座）将工作坊的研修所学在项目校（本校）应用、推广，确保研修成果能"用得上""传得开""留得住"。工作坊"三人行"团队利用网络线上指导学员完成"三个一"活动，并坚持到校现场指导，现场督查各项目校基于工作坊（C0605）研修主题的校本研修实施与推进情况，打通研修成果应用的"最后一公里"，确保各项目校校本研修规范、有序、有效进行，整校、整体推进。

（三）强化"校校"联动

"校校"联动是指立足校本研修，打造校本—片区—县域三级联动机制，推进主题研修工作。"校校"联动主要通过打造"赛培一体"来实现。

1. 围绕主题定标准

工作坊要求校本—片区—县域各级赛课主题与研修主题一致。教案设计与课堂实施要运用培训成果，课堂评价立足于工作坊（C0605）提炼出的作文教学模式。参赛选手可以是学员，也可以是非学员，以参赛者为龙头，组建研修共同体，混合研修，以赛促培，协同发展。

2. 围绕联动定规则

工作坊制定参赛选手的胜出机制，要求各校内部先进行初赛，确保工作坊（C0605）的研修成果能在各学校普遍推广。之后，各校推出一名教师代表，参与片区的赛课。全县分两个竞赛组：乡镇组和城区组。乡镇组分成东、西、南、北、中五个片区，加上城区共计六个片区，每个片区由六至七个学校组成。片区赛结束后，获一等奖的教师代表该片区参加县域内展示赛。为了使县域的展示赛更精彩，片区各校的教师会打破校际壁垒，以片区为依托，以语文学科为纽带，加强校际交流，强化联动机制，为片区代表参赛教师出谋划策，使课堂臻于完善。

3. 围绕赛课优交流

县域内的展示赛集中在指定学校进行。全县各初中学校按要求派出相应数量的教师观摩学习。上课教师现场说课，坊主及特聘评委现场评课，现场充分互动。赛后，观摩教师写听课心得，学员的心得上传到工作坊（C0605），现场录制的优质课同步上传，供学员反复学习，固化工作坊（C0605）主题研修的成果。

三、成效与思考

（一）提高学科的研修力

"坊坊"联动利于找准标杆，不断完善、优化自我，少走乃至不走弯路，节约培训成本；有利于精准确定培训主题，科学制订培训方案，合理设置培训课程，精心设置作业、沙龙等研修活动，为学员提供优质的服务，有效提升了工作坊（C0605）的研修力。

（二）提高研修的辐射力

"坊校"联动有利于增强学员的学习责任感和应用培训成果的紧迫感，进一步扩大了工作坊研修主题的受众范围，强化了校本研修，深化了主题研修的辐射引领作用，有效提升了工作坊（C0605）的辐射力。

（三）提高了成果的运用力

"坊校"联动有利于密切各校语文学科教师的联系，催熟成果应用的土壤，增强学员运用研修成果的自觉性；进一步巩固了成果应用的效果，充实、丰富、优化了工作坊资源；更好地推进了研修主题的落实和成果的推广应用，有效提升了工作坊（C0605）成果的运用力。

当然，我们也必须认识到，因联动主要依赖学员的自主、自觉和赛时的临时机制，缺乏有效的约束考核机制，难以久久为功、持续发展。因此，各项目校要立足校情，真抓实干，把扎实推进以研修主题为要的校本研修纳入常规考核管理，建立长效机制，确保培训一批，用好一批，成长一批，影响一批，提升教师队伍素质，真正打造研、教、培一体，服务一线教学，解决教学中的问题，提升学生的核心素养，为农村基础教育的高质量发展赋能。

推进"研训一体"，做实"校本研修"

——攸县推进"研训一体"的实践与思考

攸县教育局教育科学研究室　张文耀

一、背景与问题

（一）教育部对加强和改进新时代基础教育教研工作提出了新要求

2019年11月20日，教育部发布《关于加强和改进新时代基础教育教研工作的意见》（简称《意见》），强调教研工作是保障基础教育质量的重要支撑，指出要深化教研工作改革，创新教研工作方式；要完善教研工作体系，健全教研机构，强化校本教研。《意见》还指出，教研机构要加强与中小学校、高等学校、科研院所以及教师培训、考试评价、电化教育、教育装备等单位的协作，形成以教育行政部门为主导、教研机构为主体、中小学校为基地、相关单位通力协作的教研工作新格局。教育部的文件既彰显了教研工作的重要性，也对教研工作者提出了更高的要求，同时倡导教研机构与教师培训部门的通力协作。

（二）新时代对攸县教研工作传承中创新、创新中发展赋予了新使命

多年来，攸县的教研工作尤其是高中教研工作在省市享有一定的声誉，从多年的高中教研工作中摸索、提炼出来的"1234"工程更是为人所熟知。时下已进入新高考、新中考改革的新时代，教研工作也被赋予了新使命。我们不能故步自封，唯有殚精竭虑，重传承，倡创新，在传承中创新，在创新中发展。这正是教研工作生命力之所在，也是时代发展的迫切需要。如何在传承的基础上做出新意，让常态化的教研勃发出新的生机和活力，是每一位教研人都必须认真思考的问题。

（三）项目县为攸县推动"研训一体"、实现研训贯通提供了新契机

近年来，"研训一体"业已成为一句响亮的口号，全国各地纷纷整合教

研、师训、装备等部门力量，成立教师发展中心。攸县也成立了由教研室、师训站、装备站和教师进修学校师训科等部门组成的攸县教师发展中心。县教研室以项目县申报和实施为契机，着眼问题导向，立足"研训贯通"，锐意推陈出新，以学科痛点为切口，以课例研修为抓手，以课堂教学为中心，以提高教师专业能力、推动教师专业发展为重点，将校本培训与课堂教学研究有机结合，着重解决培训与课堂教学脱离的问题。我们通过打造教研精品，做实校本教研，尝试探寻出一条"研训一体"的教研新路来。

无论是基于党和国家的文件精神，还是着眼于攸县基础教育教研发展的现实需要，走"研训一体"之路都势在必行。然而，严峻的现实是研训脱节严重，校本教研无序，研训贯通乏策。如何解决这些问题？怎样才能把"研"与"训"有机地融为一体？作为教研主管部门，我们设计教研项目时怎样把培训的思维和理念融进去？开展教研活动时如何聚焦问题，以终为始，做到效益最大化？如何有效推动校本教研的常态化？怎样才能把课例研修打造成为教师最欢迎的教研活动形式？问题是明朗的，行动也是务实的。我们尝试在解决"研"的问题过程中融入"训"的理念，务求在行动中反思，在反思中成长。

二、行动与路径

（一）立足规划，聚焦品牌，擦亮"研训一体"新名片

1. 制订教研年度规划，把方向定准

师训部门实施"国培"送教培训和教师工作坊整校推进项目，事前都要做好整体规划，制订好实施方案，预设好工作目标。教研部门也不例外。每年伊始，攸县教研室都会根据县教育局、市教科院的工作安排，结合攸县教研工作的实际，制订教科研年度工作计划。以2021年为例，我们制定了《2021年攸县教科研工作要点（征求意见稿）》，从指导思想、总体思路、工作任务和工作安排四个方面对攸县2021年教科研工作做了整体规划。我们的总体思路是"一中心三研究四常规五促进"。"一中心"，即以课堂教学研究为中心，切实提高教学质量；"三研究"主要是指研究组本教研、研究课堂教学、研究考试导向；"四常规"主要是指教学视导、质量监测、联片教研和"教学节"活动；"五促进"是指促进中青年教师专业成长，促进教师教科研水平提升，促进学校教科研工作规范化、特色化，促进新背景下课堂教学改革进一步深化，促进全县教学质量整体提升。工作任务主要体现在四个方面：一是加强教研管理，

二是指导课堂教学，三是促进教师成长，四是优化教研方式。工作计划制订了，攸县教研工作努力的方向也就明确了。

2. 锻造教研品牌工程，把特色做靓

攸县师训站成功申报了第四批国培项目县，连续三年被评为A类单位，2020年又被评为"国培计划"示范性项目县，凭的就是自己鲜明的特色。教研工作如何出彩？怎样才能做出特色呢？注重传承勇坚守能成特色，打造精品树品牌也是特色。攸县高中教研工作多年来注重传承和坚守，锻造了"1234"教研品牌工程，即制订一个质量建设奖励方案，坚持目标引领；组织两次全县教学质量检测，坚持数据分析；推动三轮教育教学专项调研，坚持精准指导；进行四项挖潜增效扎实研究，坚持教研领跑。攸县多年来高中质量建设成绩不菲，与长期坚持推行"1234"工程密不可分，兄弟县市对此赞誉有加。近年来，攸县教研室还着力打造了教研精品项目——"教学节"，迄今已经开展了四届，涵盖了"青年教师'三字一话'基本功比赛""教学设计比赛""学课标征文比赛""初中物理、化学原创题比赛""学课标、用课标案例征评""中考试题评析比赛""'学课标育素养'课堂教学比赛""中小幼教育教学论文评审""小课题研究成果评奖"等内容。这些教研精品项目得到了全县上下的高度重视和一致好评，逐渐成为攸县中青年教师茁壮成长的崭新舞台。

（二）立足创新，聚焦问题，探索"研训一体"新思路

1. 聚焦教学痛点，致力于实际问题解决

师训部门每次培训前都要进行需求调研，培训奔着问题去，既增强了针对性，又提高了实效性。开展教研活动同样以解决实际问题为归宿，以终为始。多年的高中备考经历告诉我们，攸县各学校高三二轮复习的效率不高，提升空间还很大。如何提高效率？县教研室从2020年高三二轮分学科视导开始进行了有益的探索。第一步，征集痛点问题。各学科教师利用微信群、QQ群，通过多次头脑风暴征集二轮复习中存在的痛点问题。经过反复研磨，语文学科确定的痛点问题有作文训练的思维提质、古诗词鉴赏力的突破、现代文阅读表达的规范化等。历史学科确定的痛点问题有历史概念内涵外延挖掘不透彻，历史开放题型训练指导不得法，时政热点与高考命题情境衔接不紧密等。第二步，布置研讨任务。承办学校选定一个痛点问题，准备一堂研讨课，要求集中全校同科教师集体智慧，反复研磨，力争展现承办学校该学科的最高教研水平。其他学校也选定这个痛点问题提前做好文字功课，以便书面交流。第三步，组织集中研磨。县教研室组织全县分学科研讨活动时，先观课，再议课。承办学校就选定好的痛点问题上一堂研讨课，课后，全县各学校的学科备课组组长针对该痛点问题各抒己见，进行研讨交流，集思广益，尽力寻求解决痛点问题的办法。第四步，达成初步意见。通过全县同学科教师对提供课例的反复研讨，逐步达成共识。这样，每组织一次学科研讨，就有可能解决一个痛点问题。积少成多，最终每一个痛点问题都能得到比较有效的解决，备考效率自然会提高，教研的价值也由此得以彰显。

2. 注重全域覆盖，致力于业务能力提升

攸县初中学校有三十余所，每年出于种种原因，视导很难顾及所有学校。近年来，为提高受惠面，增强针对性，攸县教研室调整了教学视导的方式和内容。视导方式由以往的"单校视导"转变为"单校视导"和"片区视导"相结合。"单校视导"是指专门针对某一所学校的教学视导，"片区视导"则是辐射整个教研联片的教学视导。"片区视导"一般是两天分两个小组完成对一个教研联片的视导，如某天语文、英语、化学、生物四个学科教研员去东乡片某校进行教学视导，其他学科教研员则去西乡片某校进行教学视导。视导时，同一教研联片的其他学校相应学科的教师全部赶到视导学校去参加教研活动。第二天，语文、英语、化学、生物四个学科教研员去西乡片另一所学校进行教学视导，其他学科教研员则去东乡片另一所学校进行教学视导，组织方式与第一天相同。视导内容由单一的课堂教学视导转变为全方位的教育科研工作视导，包括课堂教学、教案撰写、教研组建设、名师工作室建设、课题研究进展以及教学指导丛书、新课标等专业书籍的学习和使用情况等，强调全方位、无遗漏的全域覆盖。这不仅有利于教师的专业成长，也有利于学校教科室主任和教研组组长业务能力的提升。我们把会议做成培训，召开全县范围的教科室主任和分管小学副校长会议，减少事务安排，增加业务培训，对教研战线的各级负责人进行业务培训和指导，让专业的人做专业的事。

（三）立足校本，聚焦课例，打造"研训一体"新常态

1. 聚焦课堂，构建研训共同体

课堂是校本研修的抓手，也是质量提升的阵地。抓实了课堂就抓住了根本。攸县三年项目县"送教培训"和教师工作坊整校推进都以课例研修为抓手。送教培训的主题就来自课堂教学中的痛点和难点问题。为破解痛点问题，我们成立了由学科教研员、名师工作室骨干、学校教科室主任和学科教师组成的研训共同体。其主要活动就是聚焦课堂教学，组织观课议课。观课前，我们根据学科特点和送教主题设计好观课量表，做好人员分工；观课中各司其职，认真、翔实填写观课量表；观课后根据具体情况修改观课量表，根据观课数据提出议课意见。我们借鉴北京教育学院附属海淀实验小学8条教研公约的做法，提出了攸县观课议课4条约定：①议课时要人人发言；②发言时要言之有据，有案例支撑；③不重复他人发言内容；④要提出自己的修改意见。这样，观课用量表，人人有分工，议课重实效，人人皆受益。无论是导师团队的示范教学，还是学员们的研课磨课，都采取观课议课的方式进行课例研修。我们借助观课量表，依托研训共同体，经过三轮以上的反复研磨，推选出高质量的导师示范课和学员精品课。研训共同体的成员在课例研修中实现了共同成长。攸县送教培训还增加了"辐射引领"环节，送教培训结束后学员返校仍沿用这种观课议课的课例研修方式。

2. 立足校本，形成研修新常态

攸县历时三年的"送教培训"已圆满结束，虽然取得了诸多成绩，但毕竟只是一种培训方式，所产生的影响是短期的。虽然有"辐射引领"的环节设计，最终产生的影响仍难以深远和持久。唯有立足校本，整校推进以观课议课为手段的课例研修方可长远地发挥作用；唯有立足校本，方能做到教师全员参与，学科全面覆盖，学校全新发展。在现行的五级培训体系中，国培、省培面向的是学科骨干教师和行政领导层次，具有高端性的特点；市培、县培大多是新教材、新课标、新教师培训，具有专门性的特点；唯有校培是全面覆盖，全员参与，具有草根性的特点，校培是受惠面最广，也是最有价值的培训形式。越是质量上乘的学校，校培越出色；越是质量低下的学校，校培越薄弱。从总体来看，相对其他四级培训而言，校培的组织力量不强，教师的参与热情不高，发挥的实际作用不大。我们要借国培"教师工作坊整校推进"项目的东风，立足校本抓好研训工作，让校本研修成为攸县教师研修的新常态。

三、反馈与思考

攸县虽然踏上了探索"研训一体"的征途，也取得了一些成绩。比如，攸县的教研精品项目开始涌现并卓有成效，攸县的教研活动也在不断吸取送教培训的智慧，借鉴送教培训的思维方式，研训贯通的思想逐渐在教研人员脑海扎根。但不可否认，我们依然是新兵。很多的探索与实践还缺乏足够的理论支撑，也不够成熟。几年的探索也留下了一些思考与困惑：校本研修怎样才能做出鲜明的特色，如何真正发挥应有的效益？成功的校本研修到底需要哪些工具支持？"研""训"如何才能真正融为一体，怎样改变"研""训"两张皮的状况？"研训一体"应该如何实施评估？监控评估的策略到底有哪些？等等。这些问题与思考是摆在我们前面的拦路虎，当然也是激励我们继续前行的垫脚石。

"研训一体"是一篇好文章，也是一篇大文章，需要教研人和师训人共同努力去书写，用心用智去实现。让我们以送教培训的思维来组织教研活动，借教研团队的智慧来推进校本研修，把常规教研当作校本研修的载体，把课题研究作为助推成长的手段，以研为基，以训为本，真正做到"研中有训""训中有研"，打造研训共同体，实现研训一家亲，共同为攸县中小学教师的专业成长和教育教学质量的持续攀升助力加油！我们要谨记：研究和培训永远在路上！生命不息，研训不止！

参考文献

钟国荣. 区域美术"研训一体"教研模式探究［J］. 广东教育（综合版），
　　2020（12）：64-65.

（本文系湖南省教育科学"十三五"规划2020年度立项课题"县域教师培训与校本研修一体化的实践研究"课题阶段研究成果之一，课题批准号：XJK20BJC023）

小技术，大智慧

——信息技术在国培项目实施中的融合应用

攸县教师发展中心　易卫星

随着科技快速发展、移动互联网渗透到生活的方方面面，铺天盖地的新技术、新应用、新软件等填满了我们所有的碎片时间。近两年，攸县作为第四批国培项目县，运用了大量的信息技术来辅助培训。这些小技术因好学、有用、易操作又免费，培训成效显著，教师受益匪浅，真正实现了信息技术在国培项目实施中的融合应用。

一、训前"问卷星"，开启真调研

教师培训前期准备有很多，需求调研就是一件大事，特别是培训内容的需求决定着整个培训的效果，网络调研是培训前期主要的调研形式，在这两年的国培实施中用得最多的是问卷星。

问卷星是一个专业、无限制的免费在线问卷调查、测评、投票平台，专注于为用户提供功能强大、人性化的在线设计问卷。它可免费使用，且不限题目数，不限答卷数；支持分类统计与交叉分析，免费下载报告和原始答卷；完美支持手机填写，微信群发。与传统调查方式和其他调查网站或调查系统相比，问卷星具有快捷、易用、低成本的明显优势，我们在每次国培项目培训前都使用。

问卷星使用流程分为下面几个步骤：

（1）在线设计问卷。问卷星提供了所见即所得的设计问卷界面，支持多种题型以及信息栏和分页栏，并可以给选项设置分数（可用于量表题或者测试问卷），可以设置跳转逻辑，还能提供数十种专业问卷模板供您选择。

（2）发布问卷并设置属性。问卷设计好后可以直接发布并设置相关属性，如问卷分类、说明、公开级别、访问密码等。

（3）发送问卷。问卷星可以通过发送邀请邮件，或者用Flash等方式嵌入公司网站或者通过QQ、微博、邮件等方式将问卷链接发给好友填写。

（4）查看调查结果。问卷星可以通过柱状图和饼状图查看统计图表，可以卡片式查看答卷详情，可以分析答卷来源的时间段、地区和网站。

（5）创建自定义报表。自定义报表中可以设置一系列筛选条件，不仅可以根据答案来作交叉分析和分类统计（如统计年龄在20~30岁的女性受访者的数据），还可以根据填写问卷所用时间、来源地区和网站等筛选出符合条件的答卷集合。

（6）下载调查数据。调查完成后，可以下载统计图表放到Word文件内保存、打印，或者下载原始数据到Excel导入SPSS等调查分析软件做进一步分析。

二、训中"小软件"，助力新体验

培训过程管理有很多小技术、小软件的使用，如开班前的签到管理、暖场气氛、随机抽签、PPT计时器等。适当使用一些小软件，会带给我们不一样的体验。

（一）二维码签到管理软件

在这两年的国培中，签到管理用了很多个，如师训宝、UMU，它们都各有特点。从经济实用上，我们习惯于UMU，UMU是通过移动互联网技术提升传统教育与培训的质量与体验，让讲师可以更好地与学员进行教学互动，让学员获得更好的学习体验和效率。签到管理只是其中的一项小功能，通过实时生成二维码，让教师扫二维码签到，解决了人数多、手工签到难的问题，也让教师体验到了信息技术手段带来的便利。

（二）开班暖场气氛

开班暖场可以通过HI现场来处理，它里面有微信墙摇一摇、微信墙超级弹幕、微信墙现金数钱、微信墙抽奖等在开班前可以进行暖场活动，特别是课间休息后或下午上课前可以很好地调动学员的积极性。

（三）随机抽签软件

现在的随机抽签软件有很多，UMU、HI现场都有此功能，有个专门的抽签助手软件，完全免费的，并且可以自己设置界面和名字、速度，非常实用。

（四）倒计时工具

有单独的倒计时工具，也有个PPT倒计时软件FlyClock，可用于WPSPPT和OfficePPT，其基本需求是要求安装NET Framework3.5。运行FlyClock，在悬浮窗上点右键设置，可以调整倒计时时间（秒）、透明度、显示机器时间、颜色、倒计时播放音乐、不计时PPT等。打开PPT，并放映，FlyClock开始倒计时，在PPT播放状态下右上角有个倒计时显示，提醒讲解者时间，特别是在汇报有时间控制要求的场合下非常适合，观众和演讲者都能及时知道剩余的时间，时间的长短在设置中可以自由设置。

（五）屏幕放大工具

在培训中，培训者有时要把屏幕放大，有个ZOOMIT软件，运行后通过CTRL+1组合键，可以放大屏幕来突出显示，在放大时还可以在屏幕上批注和手写。

（六）希沃传屏

培训过程的信息化应用要根据各学科特点来处理，各学科有很多软件，现在用得较多的软件是希沃软件，特别是其手机和电脑无线传屏功能，得到了教师的欢迎和认可。希沃传屏是一款兼容了多种系统的无线多屏互动应用。培训者只需要设置权限进行控制，就可以进行屏幕的同步，传输视频、照片还有文档，也支持遥控、四分屏和触摸回传等互动的功能。它有以下特点：①无线的分享，可以通过PC端进行分享屏幕、音视频以及图片和摄像头直播等；②远程遥控功能，可以通过触控板或者体感鼠标的功能操控；③桌面同步、屏幕同传、四分屏等，在无线网络支持下就可以实现多平台移动终端与接收端无线传屏。

三、简易"小工具"，实现大融合

培训时使用一些小工具，不仅方便、快捷、可靠，而且能够做到有机转化，实现大融合。

（一）幕布的使用

培训要求记录笔记，现在培训记录笔记手写的多，电子记录一般很难准确、快速地记录好，在做笔记时也有很多软件来处理。我习惯于幕布的使用。幕布是一种极简大纲笔记App，可以一键生成思维导图。幕布通过大纲来组织内容，无论是读书笔记、活动策划、会议记录，还是待办清单，都能完美胜任，这种更具条理性的写作方式，会带给我们全新的体验，极简可靠。幕布有着轻松自然的分享方式，无论是微信、QQ，还是微博，通过链接，我们可以将文档分享给任何人。我们还可以云端自动同步，多平台数据自动同步，随时随地，阅读创作，团队共享，更可通过发送链接，进行团队协作记录。幕布不只是大纲笔记，更是一种思考方式，是团队协作的体现。其基本功能是完全免费的，但要进行彩色编排就需要成为VIP，这则是收费的。

（二）讯飞语记

讯飞语记由科大讯飞出品，是一款语音变文字输入的云笔记App，并支持录音速记、图文编排、任务提醒、朗读笔记、多端同步、分类管理等功能，但这个要求普通话标准，否则错误率较高。

（三）图片提取文字方式

微信小程序中有文档扫描识别和微软AI识图，但免费的是有次数限制的，超过次数要收费。搜狗输入法中有个文字扫描功能，能通过拍照扫描转化为文字，还可以选择所需要的文字，复制后可以快速提取所要的文字，非常方便。

（四）PDF文件转化为Word文档，Word文件转化为PDF文档

Word文件转化为PDF文档，在OFFICE2007以上版本可以直接另存为PDF文件；PDF文件转化为Word文档有很多软件可以用，但免费的只能转化3页以下，超过页数就要收费了。而iLOVEPDF网站则可以直接免费使用。该网站易于使用，有丰富的PDF处理工具，包括合并、拆分、压缩、转换、旋转和解锁PDF文件，以及给PDF文件添加水印的工具等，仅需几秒钟即可完成。

（五）巧用微信公众号查错别字

在编写一篇文章后，一般个别错别字难于检查出来，我们可以利用微信公众号中的素材管理，把文章复制到素材管理的正文中，在编辑中有字数统计和疑似错别字检测并标记，可以对照修改，但语法不能修改。

以上这些小技术，在我们的培训管理和个人教育教学应用中发挥了极大的作用，体现了大智慧，实现了大融合。在今天这样一个技术化社会，"科技不能取代教师，但是使用科技的教师却能取代不使用科技的教师"，技术不是万能的，但没有技术是万万不能的！相信在以后的培训管理中通过信息技术，特别是5G的到来，会减小整个教育的城乡差距，使我们的教育发展越来越均衡。

"一体两线、三融五化"教师工作坊
整校推进研修模式探索

——以2022年攸县整校推进初中英语工作坊
（A1077）研修项目为例

攸县教育局教育科学研究室　邓瑞兰

一、内容概要

"一体两线、三融五化"整校推进研修模式是"国培计划"（2022）攸县教师工作坊研修整校推进项目中形成的一个培训子项目模式，是在调研攸县初中英语中小学骨干教师培训需求的基础上，吸取上一年工作坊研修经验，以"为改变　为幸福"为主旨，围绕"工作坊研修与整校推进、整体提升"一体要义，聚焦校本研修，融合多元力量，实施精准施训，提升了整校推进的政治高度、理论深度、视野宽度、优质资源整合度，在学员的改变力、校本研修力、成果萃取及推广力、职业幸福力方面取得了良好的成绩。

"一体两线、三融五化"整校推进研修模式具体内涵如下。

"一体"：工作坊研修与整校推进、教师整体提升一体推进。

"两线"：线上学习和线下校本研修、送课下乡相结合，培训线与改进线两翼推进。

"三融"：线上线下融合、本土专家与省市名师融合、英语骨干教师工作坊与名师工作室融合。

"五化"：研修项目课题化、研修成果原创化、校本研修常态化、优质资源辐射化、"研—赛—培"一体化。

二、主要做法

（一）精准把握培训需求

"四步"精准调研。按需培训是基本的施训策略，那么学员需求如何精准把握？为此，我们采取四步走：一是线上设计科学的调研问卷，二是线下实地多轮访谈，三是坊团队多次讨论分析，四是听取专家的建议。通过这样的四步走，我们对攸县初中英语骨干教师对培训需求有了清晰的轮廓、精准的把握。学员主要有如下诉求：培训的研修主题指向单元整体写作教学，有外聘专家来精准指导和专家课例，研修有一个较为持续、长期、系统的过程，培训使自身专业成长与学校英语教师整校推进同频共振。

（二）精心创新项目设计

1. 培训思路立足一体设计

培训基于个人走向学校整体推进的理念，立足县校两级一体设计，整校推进、整体提升，建立"县域统筹管理，学校整合引领，本土专家引领、教师选学互助"的研修管理机制，形成"学校指导有研修方案、教研组互助有专题研修计划、教师选学有任务清单"的分层联动机制。

在项目活动设计上，培训具体落实：一次总结、两次送课下乡和项目校校本研修指导、三次单元写作教学沙龙活动、四次同课异构和线下集中研修，促使整个研修活动结构化、系统化。

2. 培训对象突出全员卷入

培训从注重培训学校骨干教师到引领学校核心团队的转变，走向以学校整校推进为目的的全员教师素质的提升。

3. 培训目标围绕痛点难点

（1）坊校联合赋能校本研修。培训通过实施教师工作坊整校推进研修项目，探索教师工作坊和校本研修的研修方式和模式，掌握工作坊整校推进的研修特点和一般路径。

（2）探索课例研修新途径。培训以课例研究为主要渠道，探究提高学生英语阅读和写作能力的有效途径和科学方法，提高学生英语综合语言应用能力。

（3）打造教师研修共同体。培训通过教研员、名师工作室主持人引领一定数量的区域英语骨干教师进行工作坊研修，打造信息技术环境下的攸县初中英语教师学习共同体，将集中面授与网络研修相结合，将线上学习与线下实践相结合，探索建立骨干教师常态化培训模式，整合资源，推广到全县英语教师应用。

（4）小点切入提升读写研能力。培训以英语写作课教学为切入点，通过理论学习、教学实践、课例研讨、行动研究等形式，促使参训教师进一步更新教学理念，加深对英语课程标准的理解，提高英语读写教学的教研能力。

4. 培训方式注重多元结合

（1）套餐与点菜结合。课程选择实施"三结合"制度：结合县情、结合校情、结合教师个人情况。培训以"标准"为引领，充分听取专家建议，同时教师发展中心根据县情确定课程项目，各学校选择课程板块，教师对"标"诊断，采取套餐与点菜的方式选择适合自我的课程。

（2）线上与线下结合。通过线上推课程、研主题、开沙龙、做作业，线下研课例、用成果、验策略、产新知的课程逻辑，实现线上与线下的无缝对接，指向真实的教学情境，实现教师教学能力的提升。专家引领与协作研修相结合，通过专家引领对研修活动进行顶层设计、组织与指导，为学员的研修活动提供条件与支持；通过坊内和坊间的协作研修，促进沟通交流，实现协作发展。

（3）教研、培训、竞赛三结合。在日常工作中，我们把常规教研和"国培计划"相结合；下校调研，指导教师，同时以赛促研，以赛代培，一批批年轻骨干教师茁壮成长。教师工作坊研修项目设计的理念核心就是"整校推进、全员卷入、自主选学"。我们让研修学员"主动"与学校联系，在学校内上示范课，作小讲座，积极主动输出，以坊为主，推动整校校本研修。

（三）精细抓实管理过程

1. 加强组织领导，明确主体责任

学校是负责组建"教师工作坊整校推进"的实施主体，校长是第一责任人，学校要制定本校教师工作坊发展目标和规划，组织教师进行教师工作坊线上学习和线下实践应用，做好工作坊考核，确保考核结果客观、公正；为教师创造良好条件，促进每位教师在日常课堂教学中有效运用，提高教育教学水平。

2. 对接校本研修，分层分类推进

我们组建"校长牵头、骨干引领、学科联动、教师选学、团队互助、整体提升"的研修共同体。学校有方案：学校要准确评估学校教学现状，制定本校工作坊发展目标和规划，组织开展校本研修，教师校本应用考核，校内工作坊应用优质资源建设。教研组有计划：教研组要有重点研修内容，有明确的线下校本研修活动策略，使本坊团队教师的教学能力都能在原有基础上得到提升。教师有目标：每位教师要有个人研修提升目标、策略，要求做到在真实的教育教学情境中能熟练解决问题，要有本学期个人工作坊研修提升的总结。

3. 完善激励体制，激发参训动力

县教育局将教师继续教育学分作为评优、评先、晋级的必备条件，对工作坊整校推进工作获奖个人、团队及学校进行表彰奖励，将教师参加工作坊研修情况纳入对学校年度目标考核的重要内容，将工作坊整校推进研修成效纳入中小学办学水平评估、校长考评和教师绩效考核的指标体系。

4. 做好过程监管，多样保障跟进

培训由县教育局统筹，县教师发展中心、学校、校本考核专家团队三方组建考核组，根据工作坊整校推进要求，在以考核课堂教学能力为主的全程监测评价体系的基础上，抓住整校考核、教研组团队考核、个人校本应用考核三个关键，制定相应考核标准。

5. 加强成果萃取，合力保障原创

工作坊的研修时间长、内容多，加之工学矛盾突出，学员难免疲惫，为保证成果原创性，我们着力做好以下三点：一是加强成果萃取的方法培训，注重示范引领，强化培训；二是制度保障，对抄袭现象零容忍；三是人文关怀，对不能完成原创的学员加以辅导，多方帮助。

6. 以坊为主辐射，多渠道送"果"下乡

培训以工作坊为主，将原创的优质成果，分层分批送"果"下乡，送教下乡，送资源到校，送坊文化到校，分层分类，保障成果的辐射效应。

三、创新举措

（一）主题设计科学合理

主题设计贴合最前沿的英语教学理念，对接新课标的要求，凸显学科育人价值。

（二）课程内容聚焦需求

课程聚焦问题，从理论到实践，有利于学员的内化吸收，实践运用。

（三）培训方式多元实效

培训做到线上线下融合、本土专家与省市名师融合、教师工作坊与名师工作室融合。线上线下融合、参与式培训、分层分类设计培训目标和任务，利于学员的主动参与。同时，应广大学员要求，工作坊外聘株洲市罗军名师工作室专家团队来精准指导。毕业于英国约克大学对外英语教学专业，曾获得"湖南省五一劳动奖章""湖南省教学能手"等多项荣誉的胡佳嫣老师和曾获人教版教学设计大赛全国一等奖，株洲市第五届、第六届英语学科带头人的株洲名师欧阳铁燕老师，分别给我们带来了两节精彩的示范课，所有学员都赞叹不已，觉得收获颇丰。同时，我们把工作坊与攸县谭飞飞名师工作室相结合，帮助来自在江桥中学、震林中学、健坤外国语学校三所分坊工作室的三位老师打磨精品课堂，名师工作室成员再与各小组学员一起设计同课异构。

（四）研赛一体，学以致用

岗位培训，重在研赛结合。我们做到以赛促练，以赛促研，以赛促培，努力将培训与研究、竞赛紧密结合起来。我们鼓励学员积极撰写论文，鼓励学员积极参加课堂教学大赛，让他们学以致用，初步享受获奖后的成就感。我们还将基地学校的课题研究与我们研修主题融合，优化研训一体，指导学员开展课题研究，培养教师的研究能力。通过这些举措，培训激发了学员研修学习的积极性。

（五）校坊融通，突出联动

立足县校两级一体设计、整校推进、整体提升，我们建立了"县域统筹管理，学校整合认领，本土专家引领，教师选学互助"的研修管理机制，形成了"学校指导有研修方案、教研组互助有研修计划、教师选学有任务清单"的分层联动机制，整合县域优质资源，整体优化或改善学校研修生态，推动整校改变，全面提升教师专业素养，助推国培成果落地于课堂教学，促进学生健康成长。

四、项目成效

（一）产出了一批优质成果

1. 论文评选、赛课多人获奖

在2022年全县论文评选中，学员易光平、唐婉、谭喜娥、谭娜芬、焦茜、贺娟淑、谭丽辉、张琪、易喜英等10多位老师的论文获得县一等奖。在2022年

11月举行的"研—赛—培"一体化教学比赛中，乡镇组经过东西南北中五个片区初赛后，各区选出优秀选手，经过激烈的竞争，最后来自峦山中学的张琪和来自槚山中学的吴静获得片区一等奖。

2. 课题研修次第花开

2021年申报并通过省协会课题——"支架式教学法在初中英语读写结合中的应用与研究"（课题批准号：XJKX21A117），已完成中期督查，预计明年结题。坊主邓瑞兰的课题论文《教学支架巧搭，英语课堂开花》获省一等奖，辅导员谭飞飞老师的论文《支架式教学法在初中英语读写结合中的应用与研究》获省一等奖。夏攀老师的课题论文《基于支架理论的初中英语读写能力提升策略》发表在《当代教育家》2021年第17期。

3. 项目成果汇编成册

工作坊编辑了《项目研修优秀作品集锦》，将优质课、优秀微课、优秀教学设计和优秀论文等分类编辑成了优秀作品集，推至全县供初中英语教师学习，推至相关平台展示，并参加各类竞赛活动进行评比等。

（二）成就了一批青年教师

通过培训，改变了学员们，导师们也得到了提高。一批年轻的教师，如夏竹桃、张琪、袁曼、陈芊、谭娜芬、焦茜、谭婷、肖阳、李梦云等得到了迅速的成长，成为学校教学骨干。

（三）提升了教学效果

通过培训后跟踪调查，很多参培学员都掌握了单元写作教学的要领，能够熟练驾驭单元教学写作课堂，并且在各自学校整校推进的辐射与引领上起到了很好的作用，得到了师生的一致认可。运用支架教学法进行写作教学，小组合作学习气氛活跃，课堂展示精彩纷呈，学生写作能力不断增强。

（四）发展了一批学校

通过几年来的国培项目研修，校长的办学思想转变了，教师的教学观念和行为转变了，教师的素质提高了，学生的学习能力提升了，学校骨干教师不断涌现。校长们认识到学校要发展、教师要成长、教学质量要提高，必须重视校本研修工作，必须进一步抓实教师工作坊整校推进工作。县局教师发展中心与攸县英语名师工作室对攸县莲塘坳中学、震林中学等3所中学的八年级6个班、九年级6个班学生的问卷调研、学生访谈、成绩对比分析，65%的学生英语写作能力提升了，60%的学生英语成绩提高了。通过对各类赛课的数据统计，无论是课堂教学大比武，还是平常的课堂教学，"支架式教学法"已落地于初中英语课堂，扎根于教师的心田。

五、主要经验

（一）聚焦学员培训需求是前提

选好切合学员最需要的工作坊培训主题内容是我们工作坊取得成功的一个重要因素。

（二）理论与实践相融合是关键

工作坊顶层设计的理论与项目校送教下乡和送课到校实践的完美结合最关键。

（三）明晰实施最优路线是核心

"一体两线、三融五化"整校推进研修模式最适合学员操作。

（四）多方合力制度为先是保障

教师发展中心的精心、学员的学习内驱力、名师工作室和团队专家的指导以及项目基地校配合是工作坊有力推进的保障。

六、推广价值

基于攸县实践经验，本案例在如何创新县域内英语骨干教师培训设计和实施过程方面有很强的创新性，尤其是在需求调研、一体设计、精细管理等环节实用性强，推广价值高，特别是"一体两线、三融五化"整校推进研修模式可复制，操作性强，有很强的应用价值，可以在国培、省培中广泛推广。

双向融合，共生共长

——攸县融合教育教师整校推进工作坊研修案例

攸县特殊教育学校　彭　琴　易利平

2021年9—12月，我校承担了"国培计划"（2021）攸县特殊教育教师整校推进工作坊研修项目，50名学员和工作坊团队经历了一段线上和线下交融的研修时光，开创了融合教育教师培训的新模式，效果良好。

一、背景需求

融合教育教师是融合教育重要的推动人员，其专业素养对融合教育发展质量有着重要影响。目前，攸县融合教育教师的组成结构主要为学校班级中有特殊教育需要学生的普通教师、学校资源教师、区域巡回指导教师。

项目组通过问卷星、座谈交流等方式对攸县从事融合教育的教师进行调查，发现融合教育教师在角色践行中面临着重重专业困境。

（一）认知困境：双重角色定位的认识冲突

在教育实践中，无论是普校岗位还是特校岗位的融合教育教师往往已经形成了固有的观念与行为模式，而融合教育作为新事物的加入给其带来了较多的认知冲突，使得他们在短时间内难以有效地调整认知、扭转观念。同时，来自普通教育与特殊教育角色期待的双重压力，加重了他们的工作负担，进而影响着他们对融合教育的态度与行动，导致融合教育难以深入开展。

（二）素养困境：融合教育的高要求与教师素养尚待提高的矛盾

首先，普校岗位的融合教育教师大多缺乏特殊教育的专业背景，在理解学生的差异、给予学生有效的教学支持等方面存在困难，胜任力明显不足。此外，学校也没有专业的融合教育研修团队，校本研修生态尚未健全，融合教育教师的成长缺乏支持系统。其次，特校岗位的融合教育教师虽然有相关的特殊儿童教学实践一线经验，但是在承担区域巡回指导任务时，仅有21%的教师有过普通学校教育教学经历，对普通教育学生的认知特点、各学科的课程标准、教材教法和教学方式选择等也缺乏系统全面的认知，专业片面和单薄的现实压力，让区域巡回指导教师缺乏足够的专业底气去精准有效地开展指导工作。

二、主要思路

基于县域现状，我们尝试搭建普特融合教师整校推进工作坊研修平台，以期实现教师在专业层面"双向融合、共生共长"的效果。

（一）以"融合"为底色，贯穿"普教"与"特教"交融的方式选择

工作坊以"融合"为底色，集普通教育与特殊教育优势于一体，在融合教育环境的主导下，加强普通教育和特殊教育的对话，强调两种教育形态下的学员学科背景相互交融与支持，开启攸县特殊教育与普通教育共建共生共融、共享共荣共美好的融合之路。

（二）以"成果"为导向，着眼"个体"与"自我"交融的能力发展

工作坊项目着眼于强化学员自我专业角色的认知，借助坊上和坊下混合式研修模式，紧紧围绕研修目标"五力"要求，做到训前培养成果的设计力、训中培养成果实施力、训后培养成果萃取力的有效提升。

（三）以"校本"为场域，追求"学科"与"学校"交融的实践应用

"融"是方法、途径，"合"是结果、状态。工作坊期望达成"学科"与"学校"交融的实践应用。研修学员基于各自的校本研修生态场域，立足县域工作坊研修项目多学科目标的同指向性、教师的全介入性，充分运用研修所学，通过多元的研修路径，让学校全体教师成为融合教育提升行动的共同责任主体，实现个体与集体的联动，促进区域融合教育品质的整体提升。

三、具体措施

（一）赴融合之约，把好"入门关"

为保证研修效果，项目团队注重把好"入门关"，采取了如下措施。

1. 组建普特融合的项目团队

我们聘请了省融合教育专家作为学科指导专家，县普通教育名师作为项目管理员，县特殊教育的名师和骨干教师作为工作坊坊主、辅导员和班主任。

2. 完善学员遴选制度，实行逐层遴选办法

首先，由县教师发展中心严格落实黑名单制度，对于在历年国培项目中表现恶劣的学员实施禁入制度；其次，由工作坊负责，根据全县融合教育师资数据统计报表，对各项目校报名学员的学科背景和工作经历进行第二次审核和筛选。

3. 提前项目任务设计，实行预通知制度

项目团队对已报名的研修学员通过电话和微信等多种形式，对研修任务进行书面或口头预通知，以二次告知的方式进行第三次审核和筛选，让无法坚持的学员知难而退，让真正想学习的学员有足够的心理预期。

（二）达融合之能，把好"课程关"

工作坊精心设计课程内容，努力做到线上线下课程无缝对接，把好"课程关"。

1. 寻找交集点，融合"主题"

本项目遴选的学员对象为普特融合教师。项目团队采用"两条腿走路"的思维方法。首先，从《特殊教育教师专业标准（试行）》和《中小学教师培训课程的指导标准》中寻找"专业知识"和"专业能力"交集点；其次，通过问卷调查和访谈，找准两类教师面对特殊学生时的痛点和难点。基于此，项目团队确定了以"教学活动设计"为研修载体，立足学习者先备经验，提炼出"目标导向下的融合教育课堂教学活动设计"的研修主题，主题内涵既适切，也充满挑战。

2. 找准落脚点，融合"目标"

好的研修目标是有一定的实践逻辑的，表现为由技术性走向知识性，从片面性走向系统性，从渗透性走向成长性。为此，项目组采用逆向设计思维，制定以下目标：其一，基于结果导向，从学员"能做什么"、"想做什么"和项目组"要达成什么"的任务清单中确定可能的"预期成果"，筛选"目标落脚点"；其二，基于逻辑序列，将研修目标按照递进关系，从知情意行的认知阶梯编排目标发展层级，即融合教育课程和教学的理解力—融合教育课堂教学设计能力—融合教育课堂学生问题行为的干预力—融合教育课堂观察评研力—融合教育校本研修能力。

3. 设计学习点，融合"内容"

工作坊项目课程体系分为"两层两步四模块"，即线上线下两个层级，同步和异步两种研修方式，前置学习、线上研修、线下研修、返岗实践四个研修课程模块的样态。实践中，我们意图从"三大关系、六个维度、四个模块"设计我们的课程学习体验。"三大关系"是"融"课程的核心价值，工作坊研修旨在建立一种学习共同体的融合关系，即线上研修，是建立个体与自我的关系，重在"经验激活"；线下研修，是建立个体与他人的关系，重在"目标达成"；返岗实践，是建立个体与集体的关系，重在"迁移应用"。"六个维度"指向研修效能，即从"意义、兴趣"指向学员反应层，从"技能、修改"指向学习反应层，从"展示、评价"指向行为改变层。"四个模块"分别是前置学习、线上研修、线下研修、返岗实践。

（三）遵融合之法，把好"研修关"

1. 课程研修任务为"五四"

线上任务有五项：观摩课例、个人和小组研讨、个人和小组反思改进、坊内研讨交流、研修成果坊内巡展。

线下任务有四项：确定研修主题；线上研讨结论线下应用；打磨课例、形成优质课的标准的共识；组织赛课、优质课、成长分享等活动，推广研修成果。

2. 课程研修流程为"六四"

线上研修活动以媒介、任务、材料为支架，围绕一个样本材料和学员生成的学习材料，让每一位学员经历"学—议—练—导—改—思"六步的学习情境。与此同时，线下课程也与线上课程高度关联与匹配，线下课程采用研—改—议—展四步的程序。

3. 课程研修组织结构为分类分层

课程研修的具体做法是学科组坊，分层设组，课程自选，加强统筹。各层学员的研修重点和学习方式有所不同。

（四）聚融合之力，把好"组织关"

1. 场域管理关系化

工作坊团队通过图标"融"的设计，学员手册封面"折翼的黄色蝴蝶"的个性印制，学员佩戴象征融合教育的"黄丝带"等，用看得见摸得着的"关系文化"唤醒每一位融合教育教师的角色意识，拉近普通教育和特殊教育学员的亲近感。

2. 研修管理可视化

项目团队设计了"三张单子"帮助学员有效学习，形成坊内赶比超的学习氛围，即"一张行动总清单、一张督评清单、一张可视化清单"。

3. 服务管理流程化

工作坊团队和基地校设计了系列项目管理流程图，如"通知发布流程图、开课流程图、结课流程图、场地布置流程图"等，把每个环节的工作以线性的方式梳理出来，安排到点，细化到人，做到工作井然有序。

（五）享融合之美，把好"成果关"

项目团队坚持以终为始，以成果作为提升研修效益的引擎之一。训前设置成果预设清单，要求分别产出"理论类、资源类、技术类"三种成果，激发学员的学习期待感；训中加大成果整理指导力度，实行导师包干制，下沉到组内进行一对一指导，激发学员学习的成就感；训后或训后一段时间开展成果展示、成果应用及推广相关活动，激发学员的幸福感。

（六）闯融合之路，把好"应用关"

项目团队注重研修成果岗位应用、校本应用推广策略。项目期间和项目结束后，以县特殊教育资源中心融合教育巡回指导和送教下乡活动为平台，将工作坊研修成果，通过巡回指导、示范引领、按需送培、展培结合等形式，送精神（选出优秀导师、优秀学员进行微演讲）、送专业（展示导师示范课及学员优质课）、送资源（将优质成果、优秀教学设计、微课等以电子稿形式推送至学校微信公众号或教职工微信群内展示，将凝练的课堂教学模式或教学策略以讲座形式在送培校中展示）。

四、主要成效

（一）看得见的成长

1. 优质项目的影响力

工作坊被湖南省中小学教师发展中心评选为2021年度工作坊研修A类项目，学员研修成绩100分的达标率100%。工作坊开展的研修活动"融合教育课堂教学实践活动（微型课）"被省平台推选为"优秀活动"，第一次研修沙龙活动被省平台推选为"优秀沙龙"。工作坊先后形成了理论类成果（教育教学论文类）22个，技术类成果（主题式课堂观察评研工具单）5个，资源类成果（教育教学叙事、主题课例、主题课程等）201个，同时，形成了7本纸质研修资料集和43本学员个人研修电子书。

2. 优秀教师的引领力

通过研修，整个培训团队从项目策划、过程实施和成果萃取都得到了锤炼，起到了引领示范的作用。其中2021年，工作坊团队带领部分学员分别到攸县西乡片区和中乡片区开展了2次融合教育送教下乡活动，辐射了一大批教师；项目团队成员和部分学员应邀担任娄底市特校、安仁县特校课堂观察评研指导专家。通过研修，工作坊也成长了一批优秀教师。56岁的陈艳平老师是工作坊学员钟明望老师的爱人，退休前参加过融合教育工作，每次线下研修，她都和爱人一起来，做学习笔记，参加交流讨论，学员亲切地称她为"第51名同学"，有3位学员的个人成长案例被"攸州融媒"刊登，有1位教师的课例被推选为县级"优秀示范课"，有5位学员的研修课例和文章被省平台研修社区推荐为"优秀成果"。

（二）看不见的影响

1. 优质成果的共享力

通过工作坊研修，各学校研修资源利用率有了很大增长。50名学员在所在学校分别开展了融合教育专题讲座、示范课教学、教学竞赛、经验分享、教研指导等多种形式的"融合教育研赛培一体化"活动，反响良好。有12位教师的融合教育课例分别获得2021年株洲市优质课大赛二、三等奖和优秀奖奖励，有

15位教师运用工作坊研修成果撰写的论文分别获得2021年度省教育学会论文评选一、二、三等奖。

2. 校本研修的策划和实施力

通过本次工作坊研修，特校的"研赛培一体化"活动开展得如火如荼。学校紧密匹配工作坊研修主题，开展了"三备三评两上"校本研修活动，在活动中，迁移应用了研修活动中管理流程化的思路，从方案设计到发布、场地准备及保障、活动开展与组织都有条不紊，显现出浓郁的研修文化。

五、实践反思

（一）认识

在工作坊研修过程中，我们充分认识到：

（1）螺旋式课程是立培之本。

（2）支架式研修方式是培训效果的加速器。

（3）场域文化的浸润是融合教育培训的幸福指标。

（4）流程化管理是培训效能的助力器。

（二）思考

与此同时，我们也遇到很多的问题和思考：

（1）如何用工作坊研修的流程管理来管理融合教育校本研修，使得校本研修更有序？

县、片、校一体化的融合教育的管理机制尚需要逐步健全和完善，融合教育师资队伍的稳定性需要进一步加强，可以形成以片区为单位的研修团队，由县特殊教育资源中心统一安排。

（2）如何用工作坊研修的激励机制来激发融合教育校本研修，使得校本研修更有趣？

县域层面需要进一步培植融合教育师资培训领军教师，创新研训方法，开展特殊教育名师工作室与教研室发展、基层学校发展相融合，将教研、师训、竞赛融为一体，采取"县域统筹、片区联动、学校铺开"一体化研修模式。

（3）如何用工作坊研修的共同体学习来赋能融合教育校本研修，使得校本研修更有效？

县特殊教育资源中心需要更加主动作为，探索以学习共同体组织来推进研修成果的跟踪转化，开发适合校本情境的研修课程，开创"一校一坊"的研修新局面。

参考文献

［1］汪文华，沈伟.以校本研修为主线的县域教师培训模式研究［J］.中小学教师培训，2020（5）：28-33.

［2］李红梅.教师工作坊：教师常态化研修的新模式［J］.课程教材教学研究（教育研究），2016（Z5）：17-19.

（此文荣获湖南省教育厅2022年融合教育优秀教育教学案例评选活动"省一等奖"）

重视培训团队建设，发挥培训团队作用

——"国培计划"（2018）攸县送教下乡项目培训实践案例

攸县莲塘坳镇育才小学　颜黎黎

"国培计划"（2018）攸县送教下乡培训项目已圆满结束。整个项目获得了省国培办领导、专家以及参培学员的充分肯定和高度评价。为确保项目的顺利实施，县教师发展中心尤其重视培训专家团队的建设。

可以说，培训专家团队建设及其作用的发挥是保证项目培训质量的关键。在启动2018年"国培计划"培训项目的前期，县教师发展中心建立了以教研员、名师工作室成员和历届学科带头人、来自一线的优秀骨干教师所组成的多元化培训团队。然而，在实际执行过程中，从教师培训的专业性视角来看，培训专家团队存在以下问题：一是这些遴选出来的培训团队专家虽然是某一领域、某一学科教学实践和研究的"高手"，但是其中大多数人平常是面对未成年人进行教学，如何使他们成为优秀的成人培训师，成为能满足教师学习需求的成功培训者呢？二是培训团队的专家们来自不同地域、不同领域，具有不同风格和特点，如何使他们协调一致，融为一体，组成真正的培训团队，发挥培训团队的整体作用呢？

在筹备、组织和实施"国培计划"项目的过程中，我们的做法是以项目负责人为首，充分发挥项目首席专家的作用，通过集中讲座培训、集体备课活动和反馈交流活动凝聚专家团队，发挥培训团队的整体作用。我们认为，以下几个方面的做法和经验可以与大家分享。

一、设立项目负责人和首席专家，组建高水平的培训团队

在"国培计划"（2018）攸县送教下乡培训项目中，培训专家团队在培训项目设计时就已经组建，并设立了项目负责人，全面负责项目的实施。项目

负责人由局教研室的教研员担任，他们熟悉基础教育课程改革，对本学科基础教育课程教学有一定研究，能够对培训团队进行精准的业务指导。县教师发展中心还设立了首席专家，由名师工作室主持人担任，他们既是培训团队的组织人、协调人和联络人，又是培训项目的专业负责人。项目负责人和首席专家按照"国培计划"政策要求从全县聘请本学科领域的一线优秀教师组建培训专家团队。

为了让培训专家团队的成员尽快从教师的角色转变为培训师，在项目筹备期间，县教师发展中心派出一部分团队的核心成员赴湘潭科技大学学习了半个月，又在平江跟岗实践一周。回来之后，外出参加了培训的团队成员对团队的其他成员进行了2~3天的培训者培训，使每一位团队成员都明确项目的目标与要求，并进行了教师作为成人学习者的特征分析，探讨了适合本期教师特点的有效培训方法和模式，努力打造一支"用得上、干得好"的培训团队，做到人人能讲座，能上示范课，人人能指导备课、研课、磨课、评课、议课，人人能写研修方案，人人能做专业培训报告，集优秀教师、教研员、培训者于一体。而对于项目各项工作进展动态、学员简况等信息，项目负责人和首席专家会经常通过线上交流的形式与团队成员沟通，使培训专家团队每位成员从一开始就融入培训活动中来。

二、团队合作确定主题和设计方案，确保培训内容的针对性

组建了多元化的高水平培训专家团队只是万里长征踏出了第一步，只有使团队的成员达成真正意义上的合作，才能在培训中发挥团队的作用和力量。所以从一开始，我们就特别重视团队内部成员之间的合作。

在培训项目下达后，我们首先进行学员需求调研，通过问卷星让每位学员参与培训需求调查。学员的需求调查问卷反馈回来后，团队核心成员（名师工作室成员）负责进行统计整理，把学员在教学中的困惑和希望通过培训解决的问题整理成问题清单。首席专家把问题清单发给培训团队的每一位成员，作为确定培训主题、设计和实施培训教学活动的依据。团队成员根据问题清单和在课堂调研中发现的问题，通过一次又一次反复讨论、修改，并通过线上交流征求县外高校专家和一线实践专家的意见，最终确定了培训主题。在进行培训预方案设计时，项目负责人和首席专家邀请本县培训专家，组织团队成员集体进行学员培训需求分析和学员学习特征的分析，根据学员的需求和培训项目的特

点对培训预备方案进行修改，修改后的方案通过邮件征求县外专家意见，最后形成正式培训方案。

这样使得培训主题小、精、准，培训方案也更加完善，保证了培训的针对性。同时，通过集体确定培训主题和设计培训方案，培训团队能更精准地把握主题和实施培训，为之后在实施过程中对参培学员进行有效的指导打下了坚实基础。

三、团队集体学习培训主题和集体备课，确保培训活动的实效性

在开班前，项目负责人或首席专家进行主题讲座，团队成员学习主题，并对主题讲座提出建议，商讨选择好示范课课题，之后团队进行集体备课，集体备课要进行多次。例如，在实施"国培计划"（2018）攸县送教下乡培训项目时，每个学科至少组织了三次以上集体备课。在各学科进行团队示范课集体备课之前，县教师发展中心还在文化路小学举行了为期两天的团队示范课集体备课试点工作，由小学数学学科培训团队的项目负责人和首席专家进行组织，团队成员事先进行集体备课，每位成员将自己的教学活动设计在集体备课会上展示交流，大家集体讨论修改；然后负责执教的导师分别上示范课，全体成员使用观课量表进行观课；课后执教导师说课，全体成员议课、改课，并对观课量表提出修改意见。在活动进行的同时，其他学科的培训团队成员则进行观摩。观摩结束后，县教师发展中心组织各学科培训团队成员召开总结会议，对集体备课活动提出建议，提炼出工作流程和技术标准，用以指导之后的培训团队集体备课。多次这样高标准的团队集体备课，使得培训团队的教学活动设计保持了整体性和一致性，从而保证了培训活动的实效性。

四、团队协作组织培训，确保培训活动的有序性

在培训前，项目负责人和首席专家对各项培训事务进行合理分工，每位团队成员都有各自的职责和义务。项目负责人全面负责培训项目的组织实施及本地培训专家团队成员的业务指导，对培训管理人员现场到位情况进行督查。项目首席专家负责本项目的全程实施，负责培训事务安排，项目实施的协调、组织与管理，以及本地培训专家团队成员的业务指导。我们在培训团队中安排了两名成员担任班主任，负责参培学员的班级管理工作、印发资料、班级文化建设工作以及对每次活动进行专题报道并编写班级培训简报。另外，我们把学员

分成了十人一组，每组都由一个团队成员担任导师，除了负责协助示范课的打磨，还要负责对参培教师研课磨课的跟踪辅导，对本组学员在各个环节的表现进行评价，协助收集学员的相关资料，并协助安排后期的辐射引领工作。培训团队成员既有分工又有合作，保证了培训活动内容的衔接性和有序性。

五、团队参与评估与反馈，提升了培训的专业化水平

培训专家团队的合作，还体现在集体参与培训效果的评估与分析上。在项目实施过程中，我们采用学员日志、问题征集等形式，及时反馈培训效果和存在的问题。学员每天的培训日志和问题征集都由班主任整理出来，在每天的工作例会上进行反馈。对于一些意见比较集中的问题，项目负责人和首席专家召集培训团队成员会议，集体进行研讨，提出解决对策。在培训结束时，我们采用专门设计的评估工具"国培计划"（2018）攸县送教下乡培训项目效果反馈表，以无记名的方式让学员填写。反馈表回收后，由班主任进行统计整理。培训团队集体对培训效果进行分析，总结成功经验，分析存在问题，为今后更加有效地开展培训积累经验。培训团队集体参与培训评估与反馈，不仅增强了培训团队的凝聚力，也提升了培训团队整体协作实施培训的专业化水平。

当然，在此次培训的示范教学和研课磨课环节中，我们如果能聘请一些县外高水平专家加入我们的培训团队进行现场指导，让我们的培训团队更加多元化，以满足教师多样化的学习需求，可以更好地发挥国培的实效性和针对性，促进教师专业成长。

基于融合教育背景下"滴灌式"
师资培训模式的构建

——"国培计划"（2019）攸县送教培训项目特殊教育
学科实践之路

攸县特殊教育学校　彭 琴

一、项目实施背景

（一）项目设计理念

1. 人本主义教育观——以"融合"为导向

攸县特殊教育学科送教培训，是集普通教育与特殊教育优势于一体且相融一体的培训，在融合教育环境的主导下，加强普通教育和特殊教育的对话，强调两种教育形态下的学员学科背景相互支持，开启攸县特殊教育与普通教育共建共生共融、共享共荣共美好的融合之路。

2. 实用主义教学观——以"应用"为目标

特殊教育学科培训，是为了集聚一批资源教师师资，提升特殊教育专业康复技能，聚焦常见的脑瘫学生类型——痉挛型，依托"动作康复训练"课程，学习教育教学和康复训练策略，有效解决随班就读和送教上门工作中遇到的重度和极重度脑瘫学生无从下手的实际困难。

3. 建构主义学习观——以"实操"为主线

根据问题诊断的结果分析，本学科学员基本属于需要帮助型和问题型学员。在考虑项目课程设计方面，我们着重于教、学、做一体的培训。

（二）项目设计思路

1. 精准培训主题

（1）从学生基础数据分析。目前，根据残疾证的认定，特校在读学生82人，其中脑瘫学生20人；送教上门学生171人，其中脑瘫学生约占52%。随班就读学生221人，很大一部分存在动作发育问题。学生家庭对于送教上门服务内容的需求，逐渐从送政策、送温暖向送教育、送康复转型。

（2）从学员培训需求分析。项目组通过问卷调查、座谈访问发现：学员对专业的特殊教育教学策略需求达到94.44%，对案例展示的培训方式需求达到95.52%，对残障学生中脑瘫学生的能力评估、动作实操需求达78.22%。

基于上述原因，我们确定了"痉挛型脑瘫学生动作康复训练策略"主题，以"滴灌"的方式着手组织培训。

2. 精心培训设计

好的设计是培训项目成功的一半。项目组在筹备阶段，经过多轮的前期培训学习、课程论证会议等，从培训团队的组建、培训方案的顶层设计、培训课程的序列安排等方面都进行了精心谋划。

（1）团队组建：特殊教育项目组专家导师团队的组建来源于两种渠道：本地+外聘；两个领域：普通教育+特殊教育；三种身份：教研员+名师+骨干教师；四个机构：市特殊教育指导中心+县教育局+县特殊教育资源中心+县特殊教育学校。

（2）课程设置：在课程设置时，我们注重"反推"效应，从学员素质和能力显现出来的行为"反推"学员专业知识，从学员专业知识再"反推"学员的基础知识，充分依据《培智学校义务教育课程标准（2016年版）》，让个别化教育贯穿始终。

3. 精深培训实施

培训实施的核心就是培训者用什么样的培训方法传授培训内容，达到所确定的培训目标。项目组专家团队采取"直观感知—实践操作—任务驱动—泛化应用"的流程管理，运用"微视频—微故事—微讲座—微教研—微课堂"的组织形式，由导师全方位跟踪指导。

4. 精确培训评估

评估的范畴包括对培训基地、培训者、参训者的评估。项目组根据项目流程、每一个环节，设计采用可视化评估方法，结合访谈、问卷调查等形式，既让评估对得住背靠背，更让评估经得起面对面。

5. 精良培训转化

项目组在筹备之初的专家团队遴选时，就整合了县特殊教育资源中心下设办公室核心成员，其中的6位成员都是全县各乡镇街道特殊教育指导的片区负责人，与学员所在的学校管理层有业务对接，确保了立足本职岗位，转化了培训内容，发挥了切实效益。

二、项目主要做法及成效

（一）课程立"培"

1. "滴灌式"课程内容设置

在项目实施中，我们学科以技能性培训为切入口，精心设计培训课程，紧紧围绕学员困惑的痉挛型脑瘫学生的"鉴别、能力评估、康复目标设定、康复动作设计、教学设计叙写、康复训练组织"等一系列问题，先后设计了专家理论讲座、导师实操示范、学员模仿练习等课程版块，课程内容采用了"由表及里""由浅入深""理论+实操"的设置方式。

2. "动作+"课程呈示模式

基于普特融合的学员架构现状，项目组充分挖掘不同教师不同的学科背景，构建了"动作+"课程呈示模式，更好地链接了学科知识，如动作+语文、动作+音乐、动作+数学、动作+美术、动作+生活适应……课程外延扩大，把各学科教学融入动作训练之中。

3. "1+X"课堂教学生态

由于送教上门的学生散在村村落落，项目组根据学科难度，结合地域特点，组建了多个"普+特""普+普""特+特""特+志愿者"的主助教学习共同体，学员以组合的方式去到重度和极重度脑瘫学生家中送教上门。在学员提交的教学视频中，呈现出学生+家长+老师、学生+特教老师+普教老师、学生+特教老师+医生等课堂教学生态。

4. "互联网+"课程资源覆盖

为让学员随时随地能根据残障学生的障碍类型，学习到更多的动作康复知识，项目组深入挖掘网络课程资源，选取"老师走起"官网30个动作康复训练微课，拍摄10个基础康复训练动作视频推送给学员，全方位地给予学员智慧支持。

（二）管理助"培"

1. 立柱子

为了让每一位学员明晰培训主题是"做什么"，我们项目团队主要做了三件事：一是明确培训主题。我们设计了一系列有趣的活动（如"主题点读机""动作摆位操"），让每一位学员对培训主题和内容入脑入心；二是导师定制服务。我们积极推行导师片区负责制，特别是"自研自磨"环节，导师通过对学员"线上+线下"私人定制式指导，就动作评估和设计、教案叙写等方面进一步加深学习；三是充分整合资源。项目团队依托攸县特殊教育资源中心平台，结合全县送教上门工作，对接各乡镇分管副校长，给予每一位学员专业学习的校本支持。

2. 搭架子

为确保培训过程"怎么做"，我们项目团队构建了三个培训活动支架：预热用支架是由通知发布、情境布置、主持串讲、分享活动四部分构成；过程用支架是经由"实践+反思+评价"的途径，达到学员学习和掌握脑瘫学生动作康复训练评估与设计策略的目的；总结用支架是由个人总结+小组总结+团队总结三大板块组成。

3. 写单子

为保证培训质量"怎么样"，我们学科分别设计了不同的清单帮助学员真实学习。一是设计学习清单。导师团队每次都会把每一环节的"学习清单"提前发至微信群，形成学习共识，建立学习预期。二是设计工作清单。导师团队和基地校在每一个环节开始之前，会把每个环节前前后后的工作以线性的方式梳理一遍，开具任务清单，安排到点，细化到人，做到工作环环相扣。

4. 给面子

让成长看得见。我们项目团队推行可视化管理样式，分别从七个环节（每个环节五个维度），对学员的每一个阶段的学习表现都以量化考核的形式当日公布，并且考核结果直接作用于"推优"评选。

让成长传出去。特殊教育学科学员每天都在演绎动人的学习故事。比如，《别了，轮椅！》《未来可期》等一篇篇学习札记如秋后暖阳，温润心田。《攸州手机台》《新湖南》等主流媒体分别以《这个秋天，因你而温暖……》《这群90后，真爱学习！》为题报道学员学习事迹。

（三）文化润"培"

1. 亮身份：佩在胸前的文化

培训是唤醒生命。我们学科通过导师成员团队图标设计的征集，学员手册的个性印制，学员佩戴团队图标的要求，唤醒每一位学员的学科培训意识，增强"资源教师"的主体认同感。

2. 聚团队：摆在桌上的文化

培训是融合力量。在组织架构中，我们学科遵循色彩心理学原理，以学员色彩认领的方式自动分组，分别组建了蓝组、红组、绿组、紫组、黄组。同时，每一个小组都有自己的专属组旗，每一个学员都有自己的专属座签，以达到"学习共同体"仪式上的归属。

3. 荡心灵：刻在心中的文化

培训是根植信仰。我们学科注重从戏剧语言、独白语言、书面语言等路径加以探索，让学员在"看见"中感受，增强特教使命；在"讲述"中经历，激发特教情怀；在"书写"中反思，形成特教能力。学员通过观看台湾脑瘫学生的纪录片《好天天》和攸县特殊教育学校送教上门纪录片《一束光的温暖》，近距离感受脑瘫学生的日常生活，体悟他们的训练艰辛，从而进行情感输入、升华，获取学员培训的情感密码。

4. 在现场：植入脑海的文化

培训是浸润思想。项目组在送教培训的每个环节都特别注重以"在现场"的场域文化方式来串联活动。比如，墙壁上的每一幅培训条幅、电子显示屏上的每一条培训标语、PPT背景上每一项培训内容、各类培训展板……让学习培训的植入感凸显出来。在培训中，我们倡导"萤火"场景、"洞穴"场景、"水源"场景，为学员储备大量的事实性知识，将新获得的信息整合起来，转换为内在的理解，通过普、特学员的对话交流，整合学科力量，寻找痉挛脑瘫学生康复的新契机。

三、项目主要经验及影响

（一）项目创新性

1. 是一次大培训，也是一次小培训

大培训表现为：特殊教育学科送教培训是当前教育扶贫战略工作中关于"做好特殊群体教育关爱"的精准定位，是贯彻教育部、湖南省第二期特殊教育提升计划（2017—2020年）关于"建设一支数量充足、结构合理、素质优良、富有爱心的特殊教育教师队伍"的具体体现。

小培训表现为：①培训主题切口小。"痉挛型脑瘫学生动作康复训练策略"主题以发展性障碍儿童的七大领域的"动作"领域发展作为设计起点，依托培智"康复训练"课程中的"动作康复训练"，既符合动作是儿童认知和动作的发展规律，又符合攸县送教上门工作中资源教师的实际需求。②学员遴选比例小。我们学科仅有45名学员，进行学员遴选的时候，我们侧重选取参与过送教上门的教师，并且根据送教的师资配比，每个乡镇分配了2个指标。

2. 是一次高培训，也是一次低培训

高培训表现在提供的学习内容和学习工具满足了个性化需求，助力学习效率"提高"。项目组构建了"动作+"课程呈示模式，更好地链接了学科知识。在研课磨课中，项目组设计了脑瘫学生动作康复训练课堂教学观察量表1.0版、2.0版、3.0版。量表以"螺旋式"从"动作训练个别化支持策略""动作设计与达成"两个维度以"勾选"或"填写"的方式完成课堂观察，给学员以成长的拐杖。

低培训表现为导师团队指导主要以网络技术为支持媒介，降低了培训"成本"；导师和学员借助研课磨课环节，对送教家庭进行康复训练指导，实现了培训效果的"低着陆"。

3. 是一次动培训，也是一次静培训

动培训表现在培训学习内容的选择和学习方式的应用，都是向前移动的学习。在课程内容选择方面，项目组让学员紧紧围绕"痉挛型脑瘫学生鉴定、能力评估、康复目标设定、康复动作设计、教学设计、训练组织"等一系列问题向前移动学习；在学习方式上，项目组结合学员特殊教育专业认知结构的实际，采用了"2W1H"教学法，即为什么要这样训练？这是什么训练策略？如何实施训练？步步推进，让学员和授课专家之间形成了互动式学术交流。

静培训表现在学员学习内驱力的激活、身份的归属、任务的完成、成果的展示，都是一场静悄悄的蝶变。正如项目组归纳的特殊教育学科送教培训"五个现象"：别在胸前的培训（学员胸徽），摆在桌上的培训（工具单、学员手册、专属座签、组旗），挂在腰间的培训（动作图示钥匙扣），跪在地上的培训（课堂教学），记在心里的培训（微记录、微故事、微反思、微设计、微心得、微剧场）。

（二）项目实施的影响

通过培训，全县的融合教育氛围越来越浓厚，教育扶贫工作越来越精准有效。在培训过程中，各片区的主管校长非常重视，不但督促学员按要求认真学习，还陪同学员深入送教上门家庭，全程负责课堂打磨，扩展了培训效应，影响了一拨人，真正做到了把送教上门落到实处。攸县电视台以《攸县："三建三提"打通送教上门"最后一公里"》为题报道了学员所参加的送教上门工作；清廉株洲网以《攸县："送教上门"破解义务教育阶段特殊儿童辍学问题》推荐攸县送教上门工作的典型经验。与此同时，攸县特殊教育管理和特殊教育师资的培养模式得到省教育厅高度肯定，县教育局局长被省教育厅推荐作为市县区教育主管部门唯一代表参加教育部2019年12月主办的全国特殊教育高端研讨班学习，并作区域经验分享交流。

通过培训，整个培训团队从一次次深度学习和研讨中结下了专题讲座、示范教学、经验分享、宣传报道、课件等众多成果。其中主持人彭琴的国培经验《从漫灌到滴灌——基于攸县特殊教育送教培训的实践之路》在"全国特殊教育学校联盟会议暨全国首届校长论坛"上分享，得到一致好评。彭琴还分别被长沙职业技术学院聘请为"国培计划"（2019）湖南省特殊教育骨干教师和融合教育管理培训班授课专家，被桑植县教育局授予桑植县特殊教育学校教研指导专家。

通过培训，学员们看了，学了，想了，做了，得到了一次全方位的专业提升。本次培训，学员们共上交了87篇教学设计、58个课堂视频、2堂精品课、17堂优质课并被上传到"株洲市教育网络学院在线优质课平台"，2堂优质课参加了2019年湖南省在线集体备课大赛，排练了一出精彩情景剧《融合之美》。

三"范"引领，创科学教师培训模式

——以攸县小学科学送教培训为例

攸县东北街小学　刘新平

"国培计划"（2020）攸县送教培训小学科学项目于2021年元月顺利结束，成果显著。这与攸县小学科学项目团队打造的小学科学教师培训模式不无关系。小学科学团队建立了三"范"引领模式，创新科学教师培训。本案例将从项目背景、项目做法及项目成效三个方面加以详述。

一、项目背景

本模式的项目建立在三个背景上：一是课标新颁布。2017年1月19日，教育部颁布了《义务教育科学课程标准》，这是我国科学教育发展征程上一座新的里程碑，标志着我国小学科学教育步入新的发展阶段，需要培养大量适应新课标的科学教师。二是当下实状况。攸县现在任教科学的教师大多是兼职科学教师，他们基本不清楚科学课上什么。2017年实行新课标后，许多任教科学课的教师拿着科学教材不知道科学课怎么上，更谈不上如何适应新课标的理念和要求。三是培训大问题。如何有效、快速、大批量培训符合新课标理念要求的科学教师，是当下攸县培训科学教师的大问题。

二、项目做法

（一）采用先进理念

要想有效、快速、大批量培训适应新课标要求的小学科学教师，必须采用先进的管理理念和方法。因此，根据上面的三个背景，科学学科团队采用两项先进模式开展培训：一是采用库伯的成人学习圈理论，让科学送教培训适应成人学习，有效提升学员科学素养。参与模式验证，让学员从库伯成人学习圈的具体经验开始，通过范式学习，经历反思性观察，获得抽象概念，最后积极参与主动验证。二是借用"一页纸项目"管理理念，让科学送教培训的学员对当下的任务和进展，以及将来要做的事项一目了然，以满足有效、快速、大批量培训符合新课标理念要求的科学教师的要求。

"国培计划"（2020）小学科学送教培训"一页纸项目"管理表

设计人：刘新平

项目任务		项目："国培计划"（2020）攸县小学科学学科送教培训　人员：小学科学学员（50人）　目标：高效完成培训的8个环节任务		组别	
学员评价考核基本登记				姓名	

序号	培训环节	突出表现或未完成项目记录	培训进度日期
1	通识研修		
2	示范教学		
3	自研自磨		
4	互研互磨		
5	集中研磨		
6	成果展示		
7	辐射引领		

下栏（考勤·过程·培训作业）：

10迟到早退	20请假缺课	10班级活动	14听课笔记	5学习心得	8成果展示	10教学实践	8研修工具	15辐射引领	+成长故事	+微案例	+自制教具	培训进度日期

培训进度日期：9月26日、10月16日、10月17日、10月18日、10月31日、11月7日、11月20日、11月21日、11月28日、12月1日

中部图示：培训环节、考核登记、送教培训、培训进度、附注

考勤	过程	培训作业	
总分		等级	

注：1.本项目为2020年"国培计划"。2.等级：优、合格、未完成。3.评分标准按照《小学科学班学员研修手册》第23、27页执行，如发展中心师训站变动则相应变动

（二）建立可操作模型

学科团队基于以上项目背景和项目理念，创建了"师德为范育情怀""主题为范定标准""模板为范创成果"的三"范"引领的可操作科学教师培训模式。

一"范"是"师德为范育情怀"。此模式以师德为范，发挥榜样力量，激发科学教师的教学热情，培育教育情怀。通过学员中的典型人物、典型事件带动，让优秀面不断扩大。团队主要有痴心于科学的导师符振宇、最美乡村教师陈澎湃、学非所教却致力打造精品课的彭茜、国培支教两尽心的刘慧、一年多后将退休而国培很积极的朱冬梅，带动了全班学习，营造了努力进取的参培氛围，陶冶了学员为科学教育事业献身的情怀。

二"范"是"主题为范定标准"。为契合科学新课标，快速培养科学教师，增强科学教师队伍实力，针对攸县科学教师的现状，攸县小学科学送教培训团队把培训主题确定为"小学科学课堂定向探究活动的设计与实施"。这个主题是经过工作室多次打磨，又通过攸县教师发展中心修正后确定，完全切合本次培训的特点。因此，此主题是本次送教培训的中心，一切培训活动都以此为标准进行操作和评价。

三"范"是"模板为范创成果"。只有创造各种模板，才能让培训获得更好成效，创造更多成果。本次科学送教培训以模板为范创造了多项成果。第一，创新课堂模式，在课堂上创立了"四步走"和"四部曲"的科学定向探究模式，让学员执教科学课有可操作的模式，可以反复运用。培训一方面以问题为核心，分观察提问题、假设析问题、实验找证据、证据释问题四步走，建立科学课堂"四步走"定向探究活动模式；另一方面以思维为核心，通过"分析、交流、质疑、提升"四部曲，建立科学课堂"四部曲"定向探究思维模式。第二，创新工具模板。科学组通过创新观课量表，创建教学设计模板，绘制"一页纸项目"管理图，让学员自我管理与互助管理相结合，在自我成长、互助成长中有效、高质、快速提升自己的科学专业素养。

三、项目成效

在三"范"引领模式下，攸县小学科学教师送教培训项目团队结出了三项成果：一是两节精品课堂再播科学教学模式种子，二是三类精致成果集成学员科学素养，三是八件精巧自制教具体现科学教学热情与素养提升。

（1）打造两堂精品课。一堂是《认识水》。这是由一位在培训前从未任教过科学课的彭茜老师执教的课例。她执教的课成为精品课，说明了我们这种培训模式的有效性，同时她的课本身就是一个教学模板的新种子。另一堂课是《谁在运动》。这是由学员宋莹老师执教的课例，她是一位兼职科学教师，她的课又作为这次培训模式的种子，送到了攸县皇图岭中心小学进行展示，起到了很好的辐射引领作用。其实本期50名学员，每名学员在培训后，都成了他们自己本校的小学科学教师的引领者，上了示范课，对全校教师做了一次关于小学科学教学主题的讲座。

（2）创造了三类精致成果。一是多微故事，其中微故事42个，微视频25个、微心得320个。二是课例叙事，其中课例52篇，教育叙事18篇。很多学员在叙事中说："整个自研自磨阶段让我非常难忘，让我收获了很多，让自己的科学教学水平得到了很好的提升。"三是量表工具。团队创新的量表工具，除前面讲述的外，还有《小学科学班个人成长手册》。《小学科学班个人成长手册》是把自己成长的整个过程用文字、图片、PPT整合成一本，样式和内容并未统一要求，而是发挥学员的主体性、主动性，让学员自己设计样式和选择重要的内容。大部分学员的成长手册包含的内容有个人研修计划、成长故事、培训总结、培训心得及感悟、活动剪影、教学设计、基于"小学科学课堂定向探究活动的设计与实施"主题的教学设计模板工具教学反思、微课剪影、教学课件、听课笔记与日志记录、自己编写的简报，甚至还有自己的偶得培训诗词等。这是他们科学素养的体现。

参考文献

［1］中华人民共和国教育部.义务教育小学科学课程标准［M］.北京：北京师范大学出版社，2017.

［2］D. A. 库伯.体验学习：让体验成为学习和发展的源泉［M］.王灿明，朱水萍，等译.上海：华东师范大学出版社，2008.

［3］克拉克·A. 坎贝尔，米克·坎贝尔.新版一页纸项目管理［M］.王磊，胡丽英，译.北京：东方出版社，2018.

回 首，幸福可触摸，成长看得见。

奋之入苦，苦之出福。一遍遍的研课磨课、一次次的示范引领、一场场的登台展示，让攸县一批年轻骨干教师迅速改变精进。小学语文工作坊的陈利芳老师在《微言国培》教师成长案例中用诗一样的语言深情表述：相信改变的力量，遇见幸福的自己。国培的这段时光让我变得不再懦弱胆怯，不再患得患失，不再沮丧迷惘。同时，一批国培导师与学员回到各自的学校，在各自的岗位上发挥了重要的引领作用，改变着攸县教育的教育生态，让攸县的整个教育呈现出生机勃勃的姿态。

五年来攸县学校资源利用率增长了26.5%，有100多位教师运用国培研修成果撰写的论文获得省市奖励；《"一体四核"的项目县国培实践模式》被评为教育部"国培计划"典型工作案例；攸县教师工作坊研修整校推进项目实施经验在《湖南教育》2021年9月得到推介；省规划课题"县域教师培训与校本研修一体的实践研究"获省优秀等级。

组团联点、送教下乡、送精神、送专业、送资源，更多的教师看见了国培之光，享受了国培红利。贺国惠副局长更是以身作则，受邀到省教师发展中心介绍攸县国培经验，到全国各地传播攸县的国培县域治理模式。《中国教育报》专版报道了攸县国培创新案例，影响深远。

用更勇敢的方式奔跑

——我与培训师班的故事

攸县教师发展中心　贺国惠

一、一个值得考虑的问题

我一直这样想，十年之后乃至二十年之后，如果有人问我，在所有专业选择中，我认为最幸运也是最正确的选择是什么？如果可以有多个答案，参加培训师班的研修肯定是其中一个答案；如果答案是必须唯一的，至少在目前，我会把参加培训师班的研修作为唯一答案。

申报还是放弃，这是一个值得考虑的问题。2018年底有段时间，我一直纠结是否申报省级培训师培养对象的培训。当时，我很认真地运用了"SWOT"分析法。我的优势（Strength）：多岗位锻炼，做过一线教师、政教主任、教科主任、副校长、校长，目前任副局长（分管业务口），学科教学功底较为深厚，管理案例非常丰富，视野格局相对于一般骨干教师要广要大，表达能力和组织能力较强。我的劣势（Weakness）：各个领域深耕不够，意味着积累不够，达不到厚积薄发的程度；萃取经验能力欠缺，意味着课程开发能力还较差；性格不够主动积极，意味着课程实施方式方法比较单一；理论功底不够，意味着课程实施的效度、信度还有很多问题。我的机会（Opportunity）：调动培训资源的手段较普通教师要丰富。我面临的威胁（Threat）：由于身份尴尬，事业的天花板较低，说不定会彻底离开教育这一职业，缺乏外在动力和压力。如此分析的结果是，从能力提升出发，我有必要参加此项培训；从社会角色出发，我似乎完全不需要参加此项培训。

最终让我选择申报有三个原因：

一是教育局局长和我爱人的支持。局长说："只要你被选上，一定支持。"我爱人说："不要想那么多，从功利角度看，这个培训对你显然不如其他教师大，但目前你还在教育岗位上呀，谁说一定会离开教育呢？"关键时候，我记起了我的一个老同事，正高级教师、特级教师王建立曾经说过这样一句至理名言："什么是幸福？幸福就是在家听老婆的话，在单位听领导的话。"为了幸福，我只能"舍得一身剐"。

二是国培之旅的感召。攸县从2018年开始做国培项目县送教培训项目。作为分管领导，我见证了许多教师在培训中为了改变而夙兴夜寐、精益求精的事迹，常为之感动。市上坪中学地处湘赣边，学生不到350人，但体育成绩却创造了奇迹，他们参加县中学生田径运动会团体成绩总是名列前三。刘宗贵老师就是这一奇迹的主要缔造者。他2021年落选了县名师工作室的主持人，但仍然毅然报名成为体育学科国培送教团队的导师，始终兢兢业业指导学员研磨课，始终精益求精研磨示范课。在举行国培成果展示活动前，他因为参加教职工排球赛而拉伤了脚，仍然坚持拄着拐杖参加每一个研修活动。我问他怎么不请假。他笑着说，一点小伤，不能耽误活动。攸县前年国培有一位"放大镜大姐"，为什么有这个绰号？因为在研磨阶段，从教学设计、课件制作到上课，她不离手的总有放大镜。靠放大镜坚持工作，是什么支撑她？我们可以更深地了解她。她的丈夫因病不幸去世，她独自抚养儿子十多年，直到孩子考上大学。她的腰椎长期疼痛，从椎一至椎三骨质全面灰质化，不时的腰痛使她几乎无法正常教学。她的一只眼睛是假的，装进眼球的是人工晶体，而另一只眼睛也病变了。但就是这样一位矮小的女老师却始终面带微笑地站在讲台。有人问她图什么，她说只是为了拿学分。可她的同事都知道，她是关爱她的学生，热爱那个讲台，热爱亏待了她太多的生活。因为热爱，病魔对她让步，不幸向她低头，快乐萦绕着她。这种状态用"热爱"来形容可能远不够准确，用"疯魔"来形容更准确。这样的教师还有很多很多。如此可亲可敬可爱的老师，如此热爱学习的老师，作为管理者，唯有不断学习，我才有可能有资格配得上为他们服务。

三是职业幸福感的需要。做任何事，价值判断应该摆在第一位。茫茫人海，多元理念很容易让人在出发时或路途中迷失自己。但我相信，只要正确，有价值，我们的选择其实很简单，那就是，做，多做，坚持做。有人说，做事有三种境界：第一种境界，为了生活，做了很多不喜欢的事；第二种境界，有了资本，只去做那些喜欢的事；第三种境界，为了进步，主动去做不喜欢的事。作为教育人，我深爱着教育事业。凡是与教育有关的，我都热爱。我喜爱讲台，但阴差阳错已经离开讲台。一直以来，凡是能够对学生成长有帮助的事情，我一直都愿做、主动做。不能在讲台上直接影响学生、帮助学生、成就学生，那么去影响、帮助、成就老师，从而间接去影响、帮助、成就学生，这也是非常有意义的事情。所以，我觉得我的境界可能比第三种境界要好点：主动做对自己有挑战的而又是喜欢的事情。平江县老教育局局长吴定辉先生曾经说过这样一句话：做力所能及的事。于我心有戚戚焉。教师成长对学生成长一定有帮助，所以，没有分管教师工作的我接手了教师培训业务。所以，我最终决定参加教师培训师的遴选。

有的路是用脚去走，而有的路要用心去走。绊住脚的往往不是荆棘石头，而是心。打开眼界，提升心界，路就开阔了。我的眼界是要让每一位教师站在专业发展的"C"位，我的心界是让学生真正能健康活泼地成长。所以，我选择了成为培训师，承受培训师培训的浴火，我乐意并将坚定地走下去。

二、读书活动的"五宗罪"

说句实话，从申报教师培训师遴选开始，我一直在自问，有必要吗？能坚持吗？下面我讲个故事谈谈我的坚持，或者说是我们第三批的坚持。

省国培办黄佑生主任一直在说一句话，与前两批不同的是，第三批一定要加强阅读活动，哪怕是不成功的。所以，我们这个班一直是这样一个状态：边培训，边阅读，边应用，边改进。从2019年12月，我们这个班已经阅读了10本书，分别是《微习惯》《持续的幸福》《第五项修炼》《高效能人士的七个习惯》《父母效能训练》《非暴力沟通》《金字塔原理》《教师培训师专业修炼》《最佳实践萃取》《教师培训课程设计》。其实，估计很多人阅读的不止这些，因为这些书延伸出的书目很多人涉猎过，如《刻意练习：如何成为一个高手》《结构性思维》《培训师的工具箱》《重构学习体验》《体验学习》等。

与以往不一样的是，每一本书我们都是精读，既要细致阅读，又要撰写心得体会；既要自主阅读，又要同伴分享；既要谈心得体会，又要化书为课；既要理论阅读，又要联系实际。每一本书的阅读，由一个组具体负责。每一次分享，都要录音，又要画出思维导图，都要联系具体案例。每一次分享，既是思维的碰撞，也是形式的盛宴。

于是，我们成了"寡人"。这为"第一罪"。我们每天都在逼迫自己。自开始读书活动之后，我们这个大团队都是连轴转。我们牺牲了很多的双休日甚至法定假日，牺牲了很多与家人外出旅游的机会，搁置了很多原定休闲的计划。

于是，我们变得"自卑"。这为"第二罪"。我们总是怀疑自己。在经典书籍的放大下，我们似乎无比弱小，极度无知。我们总是怀疑自己的能力能不能撑起教师培训师的重担，怀疑自己能不能跟上这支优秀团队的步伐而不至于被淘汰。

于是，我们"慌乱无序"。这为"第三罪"。我们几乎时刻在处理工学矛盾。我们可以去想象这样的场景：工作之余，每天都要阅读一到两章书，如有可能，还要就阅读写出心得，还要圈出金句，画出思维导图等。而这还是在研发和打磨原创课程、研发培训工具包、研发师德课程等多重背景下。用"焚膏继晷"来形容长达八个月的阅读活动是一点不夸张的。2020年8月中旬，黄主任和尹川老师宣布暂停读书活动一段时间。于是那段时间里，每天都能够正常上下班，闲暇时间能够做点自己喜爱的事，能够读点自己乐意读的闲书，这种自在闲适真的让我产生了活在天堂的感觉，真的让我有种怀疑世界是否真实存在的感觉。

于是，头发掉落在加速。这为"第四罪"。我们总是要殚精竭虑。以点赞为例，"点赞"是一件好事，表扬了他人，和谐了关系。但黄佑生主任一再强调："少点赞，多研学。如果要表扬某位学友，最好具体分析其优势和缺点以及值得我们学习借鉴之处。""点赞"也成了有"风险"的活。每一次分享、每一次点评，无论肯定还是建议，无论表扬还是批评，意见必须具体，观点必须直接，不能含含糊糊，不能一团和气。我的头发一直较为稀少，但这8个月头发掉落速度明显加速，与研学有着极大的关系。

于是，我们有些"神经质"。这为"第五罪"。我们时刻在思考一个问题："我能用上吗？"只读书，不用书，不如不读书。无论是线上分享的细节、观点，还是书中的理论、案例，只要对我们有一丝触动，我们就能有意识地与教师培训联系起来，甚或会进一步挖掘拓展。我粗略统计了一下，在这8个月中，我撰写的阅读心得有68篇。美国作家特里·汤普森说："做一个有心人的同时还要有一双挑剔的眼睛。"当我们时刻将培训与工作、学习甚至生活联系起来时，如此类似神经质的"正念"，定会使我们的培训越来越精致、高效。

这五宗罪，让我们痛并快乐着。每一本书的阅读、总结、分享活动，在疫情防控期间，更显得璀璨多姿。仪式感特别强，内容和形式特别丰富，有嘉宾分享，有读书心得集子，有颁奖仪式，有颁奖词，毫不夸张地说，凡是我们见到的颁奖活动的内容和形式，我们读书活动都完美地呈现了。

因为读书，我们越来越热爱读书；因为读书，我们的理论素养越来越厚实；因为读书，我们的信息技术应用能力越来越强。我们能制作电子奖状，我们能熟练使用线上会议平台，我们能制作电子书籍。最重要的是，因为读书，我们自觉不自觉地将理论与实践链接起来。管理大师彼得·德鲁克曾说："我们生活在一个充满创新和变革的时代。教育应该帮助人们为那些目前尚不存在，也无法被清楚定义的未来工作而做好准备。"因为培训师班，更因为培训师班的读书活动，我越来越认识到：只有谦逊地求知，不断提高自己的能力，将来才能有面对变数的勇气；真正应该不断去提升的是我自己，让不断学习成为一种习惯。我所收获的将会是应对生活最大的底气和智慧。

三、萃取也是修行

读大学时，学校组织我们中文系学生去衡山采风，作业是返校后两人一组编写一份报纸，所有作品都要原创。这个理念即使在今天也是极其先进的。我很清楚地记得，走在风光旖旎的景区，我大声地对着我的写作老师（也是中文系党总支书记）说了一句让他很不高兴的话：也就这个样子呀，我们那里到处都是如此呀。

今天的我已经知道，旅游也是修行。当我们专注于旅行，我们就会发现大千世界的美好；当我们以细腻的心对待旅行，我们就会品味到太多的生命美；当我们以磨砺的心态对待旅行，我们就能找到属于自己的意义。对待培训，很多人的态度正如我当年。他们认为，要么是此物只应天上有，学不到用不上；要么是无非就是这样。我也是这样做的，只是没有提炼总结。如果我们不把研修当成修行，那么我们永远只是将其当成任务而已，不可能存有敬畏之心，不可能拥有热爱之情，不可能有成长之乐。

我对待培训的态度一直是这样的：不奢求收获，哪怕只是开阔了视野也是好的，但只要专注，就一定有收获。我们要敬畏每一位师者，有可能他的授课你不需要，他的擅长你更擅长，但"存在即合理"，他能站在讲台，就一定有他的过人之处，你只要有双会发现的眼睛，你一定会发现他的过人之处。我们要认真总结，及时反刍，及时总结自己的心得收获，努力联系实际寻求解决问题的路径和策略。只要有磨砺的精神，有修行的态度，有工匠的精神，我们就一定能萃取研修成果。

2018年是攸县实施"国培计划"县培训项目的第一年，全部完成是在12月中旬。12月底1月上旬就要接受省中心的考核。半个月时间我们必须完成的工作有收集整理相关资料（一般而言有四大本），提炼萃取研修成果（没有现成经验可借鉴，几乎所有管理人员都是"小白"），撰写项目实施总结报告（从来没有在现场向领导和专家陈述，从来没有在如此大庭广众之下进行答辩）。我清楚地记得，我撰写了3个总结提纲让我的团队去撰写初稿，到定稿之时已经修改了13次之多（改完之后相对于第一稿已经面目全非）。凡是独处之时，我都在思考究竟有哪些经验。很多时候，每想到一点经验，我都会马上从床上爬起来写下来。当稿子定下来之后，我就开始模拟汇报。如有困难，我就召集核心人员开小会，进行思维碰撞。这样"颠三倒四"的工作节奏，让我和我的工作团队迅速成长起来，当年项目县绩效排在同批次第三名。要知道，当年由于没有独立的教师培训机构，我们团队加上教研员不到20人，培训理念极其落后，培训手段极其单调。

让你痛苦的人，往往是你的贵人；让你痛苦的事，往往是你最需要提升的地方。我曾经开玩笑说：如果你想让一个教师痛苦，就让他做教师培训师吧；如果你想让一个教师幸福，就让他做教师培训师吧。当我在承受着萃取经验、提炼成果的痛苦时，我也开始享受着成功的喜悦。

2020年上半年，项目组决定在第三批培训师班开展培训工具包研发工作，并将此内容作为结业考核的重要维度。感谢项目组的信任和厚爱，让我成为校本研修工具包研发工作的牵头人。

工具包的研发与读书活动同时进行，工学矛盾极其突出。更要命的是，我真的是培训菜鸟。从梳理可开发的工具种类到探寻各种工具背后的学理，从各个研发工具的目标撰写到论证工具背后的成人学习规律，从撰写工具应具有的思维模式到预估工具的实施效果，诸如此类的行为都是极为专业的，对于我来说，无异于翻越一座座雪山。更何况，我还有一个团队需要负责。但我坚信："我唯一能控制的事情，也是我唯一能真正改变的，就是我自己。"一次不行来两次，两次不行来三次，三次不行来四次，力求更好。每一次思考都是进步，每一次修改都有改变，每一次过关都是成功。为了高质量完成团队研发工具任务，我将团队研发工作分成了两个阶段，根据同伴研修理念先后将团队进行两次分组，并组织线上研讨活动。我逐一学习团队13个成员近20个工具单并提出我的看法，力求能为同伴的研发提供绵薄之力。尽管目前工具包还是实证阶段，但在项目组的前期总结中，无论是我个人还是我的团队，在总结活动中都获得了最多的荣誉。

只要行走，就不要担心走不到终点。我们坚持每天认真地对待生活，自然会被生活温柔以待。回过头看，我才发现：原来我们也能萃取出如此精细的工具！原来我们也有成为教育大咖的潜质！原来萃取还能做到如此精彩！总有一种感动让我们欣喜，总有一种收获让我们快乐。这就是教师培训师培养对象的培训，这就是让我们"痛恨不已"但又精彩万分的教师培训师培养对象的培训。

在萃取国培经验的过程中，我反复追问我的团队和我自己：我们的亮点到底在哪里？这个亮点是不是能够被受众认可？萃取的结论能不能被受众接受并有推广价值？有没有更具有冲击力的语言或表达方式让受众更容易接受？后来我才明白，原来这就是用户思维。

在研发工具的过程中，我反复问自己，这个工具是教师们需要的吗？这个工具还可以更简化吗？这个工具萃取了最佳实践吗？这个工具符合成人学习法则吗？这个工具实施的效果能够被测评吗？后来我才明白，原来这种思维就是结构化思维。

回顾近两年的教师培训师培训，"用户思维""结构化思维""成人学习法则"应该是我感受最深的与培训直接相关的三个关键词，"逼迫成长""刻意练习""萃取经验"应该是我感受最深的与成长直接相关的三个关键词。

回顾两年的培训经历，我突然发现，尽管一路艰辛，但自己如同在大海中拾取到了一连串珍珠，收获颇丰。

我的两篇文章分别发表在《中国教育报》和《中国教师报》上。五篇论文分别发表在《湖南教育》《教育学文摘》《教师》杂志上。我还成功申报了一个省级规划课题。这个课题被省规划办列为一般资助课题。2019年度国培案例被评为株洲市2019年教育创新十大成果之一。我和另一位同事在2019年撰写的攸县国培案例被评为教育部"国培十年"优秀案例，2021年撰写的国培案例再次被省国培办推荐到教育部国培办。

四、结束语

那些外人眼中的"牛人"不是不会哭，不是不会害怕，是在哭着、害怕着的时候，还在往前走。培训师班的经历确实很艰辛，但再苦再累，这也是我的选择。选择了，没有后悔；努力了，功不唐捐。

我曾经在我们县级培训团队总结会上说过这样一段话："理想的教育生态应该是什么样子？我想，至少有一个维度是关于我们这些职业教育人的，那就是，教育人应该沉醉在自己的育人生涯中，乐此不疲，孜孜不倦。因为，我们在培育人的灵魂。理想的教育也肯定有我们这群培训教师的教师或管理者的维度，那就是我们不但成了自己喜欢的样子，更是成了广大教师幸福育人的引路者。这是多么荣耀的事情。"

这是我的理想，正是培训师班的学习经历坚定了的理想。我一直提醒自己：不能成为教师发展的阻碍者，而应该成为他们的引领者和助推者。从开始参加培训师班学习至今，所有攸县举行的校长班培训、培训者团队培训，我一定把关项目方案，一定全程参加，一定坐在第一排。我可以骄傲地说：尽管攸县尝试做真培训始自2018年，但我们团队进步很快，成效明显。无论是省级在线备课大赛、省市课堂大赛、教坛新秀评比、高端研修学员遴选等重大活动，攸县在株洲市都处于前列，这是以往都没有的。

管理大师彼得·德鲁克认为管理必须执行三项任务，"才能让自己负责的机构正常运作，有所贡献"，其中有一项任务就是"让工作富有成效，让工人自我实现"。德国的赫尔茨曾说：管理就是会鼓动他人，会服务他人，会成就他人。培训师班的学习给了我往这个方向努力的底气和勇气。当我看到我能够为我们团队、我们组织带来些许改变，这种喜悦、幸福是无与伦比的。所有的惊喜与好运都来自专业和坚持。只要我坚守初心，秉承湖南培训师培训的宗旨，勇于攀登高台，定能"成最好的自己，做种福的教育"！

逐光之旅

攸县第四中学 张敏敏

国培之旅，我幸运地遇到了三种人：一种是比我优秀的人，一种是使我优秀的人，一种是愿意跟我一起优秀的人。比我优秀的人唤醒我，使我优秀的人引领我，愿意跟我一起优秀的人鼓励我。在"做乡村教育的一束光"的逐光之旅中，我跟随光，遇见光；靠近光，追逐光；成为光，散发光……

遇见光

比我优秀的人唤醒我要终身成长。

2009年，不到35岁的我评了高级职称，似乎有了"船到桥头车到站"的感觉，人生好像失去了目标，前进失去了动力。做班主任、教毕业班的工作热情淡了，做课题、写论文的教研动力弱了。从2010年到2017年整整八年时间，我很少参加教学比赛，几乎没有写出像样的论文。长达八年的"躺平"让我感到空虚，丧失了人生的价值意义感。

2018年，因为国培，我遇见黄佑生主任。黄主任这束给人力量的光，唤醒我走出长达八年的困惑期。

当我看到黄主任课件的一句"为自己成长，哪怕无人看见"时，我如电击般，触动得泪流满面。我想起了近几年的失落。是啊，要为自己成长，我"再也不能这样过"。我开始思考如何再成长。

我开启终身成长的思维，享受努力的过程，不断学习。每天的读书笔记不少于50字，每周阅读不少于一本书，每年阅读超过了五十本书。

我以"博学以强基，深研以精艺，笃行以致远"的理念，主持攸县高中语文名师工作室，成为攸县"教师工作坊"项目培训导师团队成员。

我一天不落地写教育教学随记。在写教育随记的第1446天——2022年5月17日，我幸运地被评为基层正高级教师。

追逐光

使我优秀的人引领我努力追逐光，再攀专业高峰。

2022年，因为参加基层中小学正高级教师高端研修（S201）班学习，我遇见王景魁老师等一批使我优秀的人。

我们的研修总目标是努力成为一名具有高尚的师德、卓越的实践能力、能融合学科教学与辐射引领能力的乡村教育引路人。

追逐光中，我与能者为伍。每一堂培训课我都认真地向老师学习、向同伴学习，专注地听，认真地记，深刻地反思。

追逐光中，我与自己为敌，每一个学习任务都认真地对待，尽自己最大努力、高质量地原创完成。

追逐光中，我沉浸阅读，深度思考。

围绕研修主题"教学经验萃取和教学主张凝练能力提升"，我反复阅读《教学主张与名师成长》一书。在长达四个月的时间里，几乎所有的零碎时间我都在读这本书。在上下班的路上、在瑜伽馆候课的垫子上，在等公交车时，在饭后，在睡前，我手上捧的都是这本书。反复读了十多遍之后，我终于明白了教学主张的内涵是"打开专业成长的天眼"，它很大程度上表达着"教师成熟的程度和专业发展的深度"。我深度思考：自己的教学主张是什么？我如何提炼自己的教学主张？

输出是最好的输入。炎热的暑假，这个平均年龄将近五十岁的团队热情似火，我们在腾讯会议里作读书报告会，作教育故事分享，提炼教学主张。有时候会议时间很长，上午从七点半到十二点多，下午从一点半到六点多。有段时间会议频率很高，有时候一周开两次读书会。在这种高效率的团队学习中，我如饥似渴地学习，一边认真地听同伴的分享、专家的点评，一边联系自己的实践深入地思考怎样提升思考力、故事力。

追逐光中，我萃取经验，凝练主张。

在专家王景魁老师的精心指导下，我深度思考，反复琢磨，反复凝练。散步的路上，我常常喃喃自语地推敲；工作之余，我总在琢磨教学主张的凝练，甚至走火入魔到在睡梦中也在思考。有几次半夜醒来，我把熟睡的爱人喊醒交流"我的教学主张可不可以这样提炼"。

经过四个多月的"幽幽暗暗反反复复中逼问"，最终我的教学主张凝练为

"三爱语文"：让农村的孩子爱生活、爱语文、爱表达。从7月13日的初稿到10月30日的最终版，我的教学主张一共修改了十二稿。当教学主张最终成型的那一刻，我深刻体会到，实现自我超越、获得持续发展的价值和意义。

追逐光中，我深研课题，乐于分享。

提升教研力，把研修成果融入课堂、融入校本、融入课题。我主持的"农村高中'爱生活、爱语文、爱表达'语文课堂建设的实践研究"课题被推荐参加首届湖南省基础教育教学改革项目。参与的"县域师训与校本研修一体化实施模式的构建与实践"课题获第五届湖南省基础教育教学成果三等奖。

提升培训力，乐于分享经验，互相帮助，共同成长。我有幸作为"国培计划"（2022）湖南省义务教育阶段生命与健康教育骨干教师培训项目（A2056）、师德师风名师工作坊自主选修项目（A303）等教师工作坊培训专家，给来自湖南三湘四水的乡村教师作《以幸福的姿态修行》《向着优秀，幸福成长》《有效沟通三技巧》等专题讲座。2022年在全省的学校、机关、社区作讲座二十二场。

2023年1月20日，我幸运地被中国教育专家网评为"教育名师千人计划"专家。

散发光

我们不会忘记班主任尹川老师的寄语："你们将是乡村教育振兴的支点，联结成片，铺开服务乡村教师成长的学习网；是乡村青年教师向往的样子，轨物范世，带领乡村青年教师向上成长；是乡村孩子的贵人，言传身教，成为照亮他们人生的航灯。"

我从省示范中学攸县一中来到薄弱学校攸县四中。

我用心对待每一个学生。我的学生说："敏敏姐，您让我们成了有自信、爱分享、敢表达的孩子。您不只是老师、朋友，更是我心中明亮的灯塔。"

我在教师培训、家校社共育方面全力以赴地做自己力所能及的事。2022年，我担任"国培计划"（2022）常德市澧县中小学教师培训师团队培训（C119）等多个工作坊的辅导教师，被聘任为全国"家校社共育"智库师资千人团队成员暨北京三宽教育科学研究院讲师团讲师。

愿意跟我一起优秀的人鼓励我坚定地走在"做乡村教育的一束光"的路上。青年教师刘慧君说："敏敏老师就是我心目中的名师，也是我想成为的模样。"340班张景家长说："敏敏老师，何其有幸遇见你。你是我们母子生命里的一束光，温暖又明媚。"

我们不会忘记省教师工作与师范教育处四级调研员陈汉光领导的期许："数年后，再相见，你已活成我笔下的诗行。举杯相庆的那一刻，蓦然发现，你就是那照亮世界的光。"做乡村教育的一束光，哪怕力量微薄，但我们脚步厚实，目光坚定，尽最大努力，成最好的自己，做种福的教育！

因国培而改变，因改变而幸福

——"国培计划"（2019）攸县送教培训总结报告

攸县网岭中学 谢伟英

尊敬的各位领导，各位老师：

下午好！

很荣幸能作为导师代表来发言，负责实施地理学科送教培训，对我来说，是个巨大的挑战，也承受着巨大的压力，每天睁眼闭眼都是"培训"这个事。2020年湘潭培训，给我触动最大的一句话是"要想改变别人先改变自己，从外打破是压力，从内打破是成长"。我就是在这样的压力之下，改变着，成长着！下面，与大家一起分享，我在这培训中的收获和感悟。

一、信任让一切变得更美好

接手任务时，最让我担忧的是，我们将要面对的学员，我们的学员不仅年龄较大，而且大多教非所学。我们担心他们只是冲着学分而来，担心历时两个月的培训，他们是否能坚持。当然我们的学员也在疑惑着，这样的培训会对教学有帮助吗？随着培训的推进，一切都不是我们想象的那样，所有的老师都是那么认真，没有一丝懈怠。在这两个月的日日夜夜里，有疑惑有感动，有苦累有欢乐，有改变有收获。让我们看到了老兵们脱胎换骨的意气风发，更让我们见证了"青椒"们正在茁壮成长！

市坪中学的刘永忠老师、黄丰桥中学的贺再华老师、新市中学的刘晓龙老师等，这些老兵们，课堂点评、心得分享、经验传授，样样都情真意切；新观念、新思路、新方法，他们一样都不想落下！

还有我们的"青椒"们，国培给他们送来了一场及时雨，他们扎扎实实完成各项任务，感动于培训给自己带来的改变，欣喜于培训给自己带来的成长。

市坪中学的朱文文老师，还在哺乳期，为了不耽误培训学习，她叫上爱人带着孩子等在休息室。今年入职的易容老师，一位逐光前行的漂亮女孩，一次一次的磨炼，渐渐地，她沉浸在国培带给她收获的喜悦中。她说，已经习惯了周六、周日参加培训，每次走出震林图书馆，都觉得收获满满，整个人都是愉悦的。

二、团结的力量无穷大

因为国培让我们九位成员由只是眼熟变成真正的熟人，我们相互协助，相互提醒，竭尽所能去做自己会做、该做的事情。感谢刘老师对我的信任，放手让我去做，且在关键时刻，及时给我鼓励和指点。新云，作为班主任，不仅要把各导师上传的资料分类整理，培训会场的主持全是她负责。其他六位导师除了对本组成员研修任务的安排、跟踪和落实，还承担了其他任务：谭文新老师身体不怎么好，但示范课他一点儿都不马虎；为了集中研磨的观课质量，要谢文远老师辅导易容重新录堂课，她立即答应；每块的展板文字内容都是张政云老师提供的；晓霞负责签到，还协助谢文远老师印刷、装订那么多实物展示资料；璐艳爱学习，做事主动，示范课、做美篇，她都很乐意去承担；身怀六甲的符海燕，克服一切困难，准时参加每次的培训。正是因为有一个这样团结、务实的团队，才让我们的培训顺利进行。

三、感恩是对每一份平凡劳动的尊重

感谢局领导给我们学习提升的平台，感谢罗耀武主任为我们提出宝贵的建议，感谢所有学员老师全程认真、积极地参与，感谢所有导师成员有序有法的组织管理，更要感谢基地校负责人及其他工作人员的默默支持。龙校长多次到现场察看准备工作，刘飞跃主任总是询问我们的需求，为我们录像的吴建军老师和提供电脑等设备的邹贺良老师全程陪伴着我们。正是因为大家的辛勤付出，才使得我们这次送教培训圆满结束。

四、责任是让我们不断前行的力量

黄佑生教授说过，"人生有许多转折点，关键是找到关键事件"，或许主持这次培训就是我的转折点，在这之前，我的工作目标就是上好每堂课，当好班主任，做个学生喜欢的老师。但自承担这项培训任务后，我感觉身上的责任不一样了，就像贺局对我们的要求：给素养扩个面，给格局提个档。其实在座的每一位，能够留在教师岗位兢兢业业地工作，就是因为我们的责任心和我们的善良。在今后的教育教学中，我们要把国培的收获化作工作中的动力，所以这次培训不是终点，我们要把研修主题带回学校，不断探索，不断实践，不断反思，提升自己的专业素养，做孩子们生命中的贵人，为国育人，为国育才！

最后，我借用黄教授的一句话与大家共勉："享受教育，爱返福至。"

祝愿各位幸福安康、万事如意！谢谢大家！

相信改变的力量，遇见幸福的自己

攸县上云桥中学 陈利芳

在没有遇见国培之前，我常常问自己，像我这样的小老师如何才能更好地成长？我能长成自己希望的样子吗？我要从哪里汲取更多的力量？我可以改变吗？教学教研真的是一条幸福之路吗？我要如何在小讲台上闪现更多的精彩，照亮更大的地方呢……这几年遇见国培，体验国培，思考国培，一切都有了答案。

一切开始皆为蕴藏

如果我说曾经的我自卑、缺少自信、迷惘，甚至颓丧，你或许不信。我告诉你，这是真的。一则工作不久，经验不多，站在讲台上底气不足；二则性格短板，不善交际。可是一切的改变，在一个秋天开始了。

2017年10月，刚刚选调进城的我接到了一个电话，原单位尹校长来电催我申请加入县里首届名师工作室，这事我一直犹豫着。尹校长一句话："你没问题的，先去试一试吧！"

去试试吧！就这样我迎来了攸县首届名师工作室主持人、特级教师陈运生老师的电话，他的热情化解了我的犹豫与怀疑，我正式开始了一种新的尝试与生活。

陈老师领导的工作室团队是一个团结向上的学习团队。我时常与大家一起查阅教育名家的著作，学习一线教师的治班之道。在魏书生《班主任工作漫谈》中，我学到了"人人都是班干部"，培养孩子人人为我，我为人人的换位意识：我尽可能地创造机会让每个孩子都能够在班上找到自己所擅长的事情，为班集体贡献出自己的一份小小的力量。课余时间，我会在班上开展各类活动，如趣味朗诵会、阅读分享会、我的小制作分享会、新闻播报会等，给予了学生展现自己的机会，让每个学生都能感受到幸福。

坚持下来，我也看到了成效——学风差、纪律糟、卫生乱的十班，在第二个月以全校第五的成绩，拿到了有史以来的第一面流动红旗，之后就一直稳居前三名。曾经谈"十班"色变的虎班，曾经觉得我是一个初出茅庐、没有经验的小姑娘的家长们，曾经不太看好十班的同事们，都对十班的转变大吃一惊。我用学习的态度对待工作，生活让我收获了更多。

一切蕴藏皆为力量

2018年，"国培计划"在攸县正式启动，首届名师工作室开始发挥作用。作为名师工作室的成员之一，我又多了两重身份——国培班班主任和第三小组的导师。

2018年，于我而言是极不平凡的一年，我身怀六甲还身兼数职，线上线下活动、学校教学教研、党建……事情一下子多得让我喘不过气来，怎么办？我想起了国培通识培训会上肖波主任的讲座，我一直给自己积极的心理暗示，当任务堆积如山或是疑难杂症接踵而至时，我把"为什么都发生在我身上，为什么都要我做"这种想法，变成"这些事是想教会我什么"。

有了团队的力量，有了同伴的帮助，更有了我思想的通豁，我不再害怕上公开课，不再害怕在大众面前展现自己。我知道一个人如果没有方向、没有目标，只知埋头苦干，就永远不知道自己的长处和短处。我常想到窦桂梅老师说的话："一定要争取多上公开课，这是你最好的'炼炉'。"我尝试着给自己定下一个小目标，每个月主动上一堂公开课。公开课不仅是在自己学校、自己班级上，我还主动联系县里别的学校去上公开课，主动邀请老师来听课、评课。公开课于我而言，就是认识自己、改变自己、提升自己的一条重要途径。

改变从国培开始，从每一堂课开始。我用学习的态度对待工作，生活让我收获了很多幸福。我渐渐成了孩子眼中无所不能的"女神"，也得到了领导、同事的认可。感恩那段国培时光，它让我不仅收获了知识，更看到了一种力量，感受到了一种洗礼，催生了潜藏的动力，我开始慢慢变得自信和坚定。

一切力量皆为臂膀

尼采说："如果一个人知道自己为什么而活，你就可以忍受生活加诸你的一切苦难。"我想，国培时光让我越来越清楚前进的方向，越来越明白工作的价值。要想成为心目中的教师形象，就要忍受国培淬火的过程。

2020年，攸县国培事业早早吹响了春天的号角。2020年春节，疫情宅家，占校长打电话给我，推荐我加入"'国培计划'A505小学语文占平莉教师工作坊"的三人行团队，并鼓励我说，她对我很了解，也很欣赏我，相信我完全能够胜任。正是这份信任唤醒了我相信的力量。

一边是嗷嗷待哺的二宝，一边是每天的大数据筛查结果上报，但我还是下定决心把琢磨好久没做成的公众号难题解决了，开通了"大语海棠"公众号，利用闲暇时间记录生活。为了更好地宣传工作坊，我在公众号创办了《A505小语频道》，记录了工作坊的点点滴滴，其中的特别栏目——《人物趣评》，针对组长及学员的表现，结合每组的组名和组长姓名，按趣评起源—趣评主角—管理员致辞，以藏头诗的形式给每位小组长配诗，新颖独到，内容无双。谁能想到它后来还能成为我们"国培计划"A505小学语文工作坊的隐形力量呢？

似乎只要你想做，全世界都会为你让路。在县局领导的有力指导和三人行团队的有力配合下，A505小学语文工作坊被评选为"省A类工作坊"；我撰写的《教师工作坊"4+3"实践模式的探索》发表在《教师教育》杂志上。

"为改变　为幸福""每一次普通的改变都将改变普通"，贺国惠局长如是说。我忘了自己曾经熬过多少夜、改了多少次课件、磨了多少课、写了多少材料、掉过多少次眼泪，但一本本证书、一份份奖励、一笔笔稿费、一次次表彰，让我的每次努力和改变都有了收获，让所有的选择、探寻、猜测、想象都生机勃勃。正如那句话——你在三四月做的事，七八月自有答案。

一切臂膀皆为翱翔

陶行知说，有些人一做了教师就专门教人，而忘了自己也是个永久不会毕业的学生，因此很容易停止了自己的长进，甚至未老先衰。

对于绝大多数人来说，真正的学习是毕业之后开始的。唯一的区别是过去是别人要你学，毕业后是自己想学。不过，我觉得这不是一件坏事，能够意识到自己的无知和对知识的需要，就代表着是在进步的。

省国培办黄佑生主任说："教育是种福，做种福的教师。种福于人，做学生生命中的贵人；种福于国家，为国家育人，为国育才；种福于己，享受教育，受返福至。"是啊，国培就是一项种福的事业。我能深深体会到。这两年的国培，改变了我对课堂的认知，直接受惠的是我的学生。我能感受到他们的欢喜……

同时，我也能感受到领导与同事赞许的目光，我们学校的模样也有了悄然的变化……当然更大的改变是我自己。我不再迷惘，不再患得患失，我学会了享受教育，享受学习。于是，我主动与省教师发展中心的陈娅主任联系，自费学习，取得了"IPA国际少儿礼学教育师"资格证；于是我笔耕不辍，论文《绘图与巧画齐飞，导图共活学一色》《语文课上的科学答案》《教师成长攻略》分别发表在《中小学教育》《株洲教育发展》《教师报》上；于是我主动寻找，积极作为，申报成功了"十四五"省协会重点课题，并成为《小学国学经典双主导行浸润式班级管理实践研究》的主持人。

我变了，变得不再懦弱胆怯，我要做一个自信的教育人。

我变了，变得不再患得患失，我要用自己的光照亮自己，也照亮别人。

我变了，变得不再沮丧迷惘，我的梦想，值得我去争取，我今天的生活，绝不是昨天生活的冷淡抄袭。

未来，我依然要将在国培期间学到的本领做精练强，依然要将在国培期间习得的思维磨快磨光，依然要将"为改变 为幸福"的宗旨继承发扬，依然要向同伴学，向书本学，向生活学，做个快乐的教育种福人。

过往的经历都是力量的蕴藏、臂膀的坚实，国培时光让我有了坚强的臂膀，我要幸福飞翔。无论怎样，学习不止，未来在来。

让"差距"成为自身发展的原动力

——"国培计划"（2021）攸县特殊教育工作坊整校推进之校本研修心路历程

攸县特殊教育学校　文向东

2021年9月，我参加了"国培计划"（2021）攸县特殊教育工作坊整校推进研修项目。我们学校作为特殊教育整校推进项目校，每位老师都要加入"三备三评两上"的校本研修活动中。接到任务安排的那一刻，我第一感觉就是任务太重。作为已经年满53周岁的我，因年纪大，各种能力都退化了，再加上身体患有慢性肾病综合征，天天服药。除了上课，还担任着班主任，有各种班级琐碎事。说实话，真感觉一个头两个大，不知从何下手。看着身边一个又一个老师摩拳擦掌、跃跃欲试，我心里特别焦虑。怎么办呢？"活到老，学到老"的信念此刻在我心里升腾起来，我暗暗给自己打气，一定要坚持下去，圆满完成研修任务。

一、课程选择的纠结

在课程的选择上，我在纠结选择集体课还是个辅课。我翻阅了以前的一些个辅、集体课的课堂教学活动设计、视频，个辅课的效果明显一些，能通过训练让学生的某方面得到很好的发展。于是，决定上个辅课。

对于个辅内容选择哪一门课程，我从七大领域对学生进行分析，选择了艺术休闲《攸县字牌——摆方子》。这些特殊的学生最终是要进入社会，希望他们能像正常人一样享受休闲，而攸县字牌就是孩子们耳濡目染的休闲方式。

二、教学设计的研磨

在进行1案讨论时，以教科室主任刘老师和"国培计划"（2021）教师工作坊管理员尹老师为首的小组团队，从细微处出发的点滴打磨，从学情分析、设计意图、目标叙写、教学过程设计与目标是否匹配等方面，提出了中肯又有建设性的意见和建议：①按顺序不需要出示所有的牌，为了节约时间。②牌的数量控制在20张以内，应分顺序、大小两种方法；③顺序不能定死，应提示学生只能三张一组；④先让学生尝试体验，再教学。听了他们的建议，我认真思考，将活动设计进行了修改。

由于担任了班主任工作及其他的课务，白天在学校，我根本无法完成活动设计的修改，只能带回家晚上修改。但是回家后又要做家务、带孙女，我只能等到孙女睡了后10点多才开始。通过翻阅专业的书籍，在网上搜索攸县字牌的使用、怎样摆方子，忙忙碌碌到凌晨2点多。躺在床上闭上眼睛，脑袋里都是"摆方子"。第二天六点钟起床时，眼睛浮肿，浑身没力气，但我仍要拖着疲惫的身体开始新一天的工作。

在进行2案打磨时，刘老师和尹老师提出：活动设计应对照学情分析精心设计。教学内容对于学生的现状有点难度，学生不易接受；内容略多，学生训练时间太少，教师讲授不够透彻，应遵循"小步子，慢循环"的原则内容，根据学生情况需要四节课才能完成"摆方子"内容：①摆相同的三张牌、按数字顺序摆三张牌；②按大字牌、小字牌摆三张牌；③摆特色三张牌（二七十）；④综合活动。

在下班回家的路上，我一边骑车一边想：教学活动设计，原来还可以这么细分，这样让学生能更好地掌握每节课的内容。脑袋里想着，我骑着车差点摔跤。晚上又是一个不眠之夜。

三、现场录课的波折

个辅教学视频要怎样才能更好地呈现？我在想最起码是画面清晰、稳定。要怎样才能达到这种效果呢？我又绞尽脑汁，不能请专业的摄像师，而手捧着手机拍摄10多分钟，画面肯定会晃动，效果不好。学校所有的老师都参加了这次国培活动，白天有很重的课务，都是利用下班后的时间拍摄视频，不好意思再去麻烦他们。

我决定用家里的手机支架试一下。拍摄前，我将所有的教具准备就绪（贴花是找其他老师"翻箱底"找出来的，强化物魔方，是让刘老师从家里拿自己孩子的）；将我和学生的座位设计好，分别用小板凳"坐"在一张高51厘米的长方形矮桌子两边；把手机放在手机支架上，调整好角度对准我和学生。晚上7点，学生都进活动室了，校园里很安静，是拍摄的好时间。我请来了值晚班的琪老师帮我点击开始拍摄和停止拍摄，经过四次反复调整角度，花了近两个小时才将时长10分钟的视频拍摄完，但还是有一点小小的遗憾，字牌有点反光，上面的字看不太清楚。

四、视频制作的折腾

视频拍摄完成，按要求视频要加上片头、片尾，这个又将我难倒了。在回家的路上，我一直在想，晚上睡觉也在想，这可是技术活呀。我以前做过PPT，也在同事的帮助下做过一个完整的视频。时间一长，年纪大了的我，将制作方法全部忘了，没办法只能重新一点一点地去请教年轻的同事们。

首先，我请教了学科带头人王老师。她不厌其烦地教我使用希沃剪辑师，经过三次反复尝试，我终于将希沃剪辑师下载到了桌面。

剪辑软件虽然已经下载到电脑桌面了，但我还是不会操作，只好又去请教王老师，刚好谭老师也在，他们调侃："希沃剪辑师就是个'傻瓜'剪辑工具。"我可怜地说："可是我不会呀，我是不是个大傻瓜。"他们两个就边操作边认真给我讲解，不厌其烦地一遍遍问我："会了吗？"我认真地看着，似懂非懂地说："好像会了，要操作才知道会不会。"谭老师还特地来到我办公室，又在我的电脑上操作了一次给我看，并问我："会了吧？""好像会了。"我回道。谭老师很无奈地说："你试一下，不会再问。"我有点不好意思地说："好吧。"实在是年纪大了，加上药物的副作用，记忆力衰退得厉害，人家是过目不忘，我是"过目就忘"。

根据王老师和谭老师教的步骤我自己开始操作：①在网络上选择适合做片头、片尾的图片保存在电脑里；②将图片分别插入PPT里（两个PPT文件）；③在PPT中插入文字，将文字设置动画；④点开剪辑师录屏，打开片头PPT，点F9开始，用鼠标点击动画，点F10结束；⑤点击保存在电脑指定的文件夹里。真是"看事容易，做事难"。在制作的过程中，总是不是这出问题就是那里点错了，反反复复三次，我才将片头、片尾录制好。

片头、片尾已录制好了，怎样插入个辅视频中成为一个完整的视频呢？在这个插入的过程，我又遇到了一些看似简单，但对我来说有点复杂的问题。我只能又厚着脸皮去找王老师，王老师又不厌其烦地演示了一遍说："这回会了吧？"我也满怀信心地说："这次会了。"就在王老师旁边待了一小会儿，没多久，又在王老师那学到了一个"新技能"。用剪辑师录制"酷狗音乐"，王老师还讲了录制的要点（将"酷狗音乐"的声音关小一点）。我回到办公室按照王老师教的步骤，将片头、片尾成功地插入个辅教学视频中。我当时心里特别兴奋，还哼着小曲呢，我尝试播放了一下，总觉得缺少了什么，连续播放了两次，找出来原因，原来缺少背景音乐。

我就想，刚才我不是看到王老师录制"酷狗音乐"的过程了吗，于是马上行动，打开"酷狗"软件选择合适的音乐，尝试录制。音乐录制看似容易，对于我这"菜鸟"做起来还是有点难度，但我不会"善罢甘休"的。经过一个中午，我终于将音乐录制好了，一个中午下来，眼睛胀痛，视线也模糊了，老花镜把耳朵夹痛了，脖子、腰也酸痛，总之，哪哪都不舒服。

音乐录制好了，要用剪辑师将音乐和视频合成。合成时，第二轨道插入三次同样的音乐链接成功了，但是链接的音乐比第一轨道的视频长，需要剪掉，自己尝试剪了三次没有成功，总是把前面需要的剪掉了。这时，刘老师正好从我办公室窗口路过，我好像抓住了救命稻草一样，激动地喊："刘大师，帮帮我。"刘老师听到我的"呼救"，停下了匆忙的脚步，走进我的办公室，很热情地说："有什么需要帮忙的吗？"我着急地说："我总是把前面不需要剪的视频剪掉了。"刘老师耐心地边操作边讲解，我瞬间茅塞顿开。

好事多磨，也怪我技术不精。视频和音乐合成了，但在播放时，片头、片尾音乐的音量刚好合适，可上课的声音被音乐"淹没了"，听不清。我尝试着将中间的音乐音量调小，没能成功，找了谢老师帮忙，弄了很久，都以失败告终，只能重新制作，改成片头、片尾单独插入音乐。我又重新用剪辑师将音乐与片头（片尾）合成，再用剪辑师将合成的片头（片尾）与视频合成。

终于，"大功告成"，我在刘老师面前"显摆"我的成功步骤，刘老师耐心地听我"显摆"完，最后来了一句"你为什么不打开酷狗音乐与片头（片尾）的动画同时录制呢？这样就省了很多步骤"。我恍然大悟，有一种"一语惊醒梦中人"的感觉，低下头不好意思地说："是啊，我怎么没想到呢？"

回首来时路，点点淡墨痕。一次"三备三评两上"的校本研修活动，对于我来说，仿佛经历了一次深刻的淬炼。我深刻认识到，在学习这条道路上，年龄大不是理由，"差距"大更不是障碍，投入进去，钻研进去，我们一定能找到生命不断成长的原动力。

国培让我成长

攸县文化路小学　陈　婧

从2021年9月26日的通识研修到12月5日的总结提升，国培历时两月有余。这两个月是充实的，是收获的，是幸福的。回顾这段时间的点点滴滴，国培带给我太多思考、太多感动、太多成长。

一、思考

本次音乐学科的培训主题是"旋律手舞在歌唱教学中的应用"。看到这个主题的时候，我一头雾水，心里涌起一连串的疑问：什么是旋律手舞？是教学生跳舞吗？不会编舞蹈动作怎么办？音乐演唱课到底应该怎么上？旋律手舞有什么意义呢？……相信很多老师会跟我有一样的想法。这对于我们所有学员来说是新的接触、新的体验。

10月16日和10月17日的学习，让我拨开了迷雾。洪林平老师对我们这次培训的主题进行了细致、具体、全面的剖析，听完洪老师的讲座，我恍然大悟。哦！原来这才是旋律手舞。周玲老师的示范课《采贝歌》和夏敏老师的示范课《丢丢铜仔》让我又一次感慨，原来旋律手舞可以这样运用到歌曲的教学当中去。

通过这两天的学习，终于解开了我所有的疑惑。旋律手舞并不是跳舞，可以理解为一种律动，可以理解为画旋律线。总而言之，旋律手舞是根据歌曲旋律和节奏设计的，能为学生更好地学会歌曲起到帮助作用的一种演唱方式。

二、感动

这次培训结束后，就开始了漫长的研课磨课环节。从自研自磨到互研互磨再到集中研磨，这其中的酸爽我算是真正体会到了。

我吧，其实是个有点儿懒的人。一开始我有点儿想像完成任务似的上一节课。但是，洪林平老师一再对我强调，作为基地校的学员，应该好好准备。在洪老师强大的"施压"下，我不得不认真对待这次磨课。选课和教学设计花了一周的时间，第二周就开始磨课了。我不是一个人在磨课。每次我上课，洪林平老师、刘小红老师、田玉老师和刘小琴老师都会去听课。听完后再给我提意见修改。这节课我上了7次，她们就听了7次，评了7次。特别感谢我们学校的4位音乐老师，正因为有他们的帮助，才让我的课成为要被打造的优课之一。

集中研磨之后，我收集了所有学员给我提的宝贵意见，又一次修改了教案和PPT，又开始了磨课。我所教的三年级班级的课都已经磨完了，这次在不是我教的其他8个班都上了一遍。本以为我的课大家都听腻了，没想到的是，洪老师和其他几位老师都主动问我什么时候磨课，并且又陪我磨了8次。除了感谢，我更多的是感动。其实大家每天都很忙，磨课期间正好是我们学校举行读书节活动的时间，所有的音乐老师都被安排排练节目，三、四、五、六节课都要排练节目，第二节课还要帮我磨课。真心向洪林平老师、刘小红老师、田玉老师和刘小琴老师说声谢谢！是你们让我变得更优秀，是你们让我一步一步在进步！

三、成长

国培虽然只有短短的两个多月，但国培对我的影响是漫长的一生。

因为国培，我学会了剪辑音乐，学会了对音乐进行升降调的处理，学会了PPT的制作，等等。因为国培，我学会了怎样更好地上好音乐课。因为国培，我知道了什么叫旋律手舞。因为国培，我知道了怎样在课堂上运用旋律手舞活跃课堂气氛。因为国培，我的课堂气氛更加活跃了。因为国培，学生对音乐课更加感兴趣了……

而且，因为国培我从一个胆小、自卑、默默无闻的人，变成了一个大胆、自信、勇于表现的人。这种转变让我自己都惊讶。我的成长真不是只言片语能表达的。

国培虽已结束，但我将带着收获、带着感悟、带着满腔的热情，把学到的理论知识应用于自己的教学中，在不断的运用和总结中转变教育观念，发挥教师的人格魅力，做快乐教师，教快乐学生。

不断成长的老师是幸福的

攸县新市中学 王 玲

2018年的秋天，在金色的季节里，我们迎来了"国培计划"——攸县送教下乡活动。时至今日，返岗实践，让我受益良多。

国培，感动着我。犹记开班时，见到教研员贺建湘及易唐云等导师的风采，班主任彭海龙老师热情的服务，同行们的学习态度都让我记忆深刻。国培将我们物理老师共聚一堂，在前行的道路上有了小伙伴，有了导师，我不再孤独。

国培，唤醒了我。专家们的经验分享、教育情怀，让我认识到了自己的渺小。谭小宁老师，一位退休的老校长、老教育工作者，对教育念念不忘，为了心中的教育信念，年迈的他不辞辛劳驱车从省城赶到乡下，只为给老师们上一堂课，我深受感动。各位领导们更是百忙之中来到现场，为乡村教育加油，指明道路。国培，唤醒了我：不忘初心，方得始终，初入师范的誓言在耳边响起。

国培，提升了我。作为一名转岗教师，我由语文老师转为物理老师，其实一直有种不安。这种不安来自文科思维与理科思维方式不同，来自语文课堂的浪漫与物理课堂的严谨不同……在"示范教学"活动中，刘绚丽老师的"变阻器"一课让我知道了精品课的标准。肖炜鹏老师的"流体压强与流速的关系"给我提供了提升学生思维能力的实验教学范本。在点评课上，各小组代表不同的观点，新老教师对物理课堂教学严谨与钻研态度让我震撼。我没想到老教师对教育还能这么热情，青年教师对课堂把握得如此之深。导师的点评更是拓展了我的视野，让我向前迈进了一步。

历经实践，更知路漫漫。返岗实践，我清晰地认识到，这个过程既是一个学习、探究、实践的过程，也是一个反思和创新的过程，更是一个专业素养提升的过程。通过学习、讨论，我清楚地感受到了授课老师对同一教材内容的不同处理，不同的教学策略、迥异的风格所产生的不同教学效果。

2019年我继续努力着，进步着。生长的季节，我似乎闻到了幸福的味道。

国培助力，提升自我

攸县四中　王仔乃

情怀篇

从2022年9月初注册报名国培研修那一刻起到今天，历时三个多月的线下线上研修培训生活快要结束了。我为能有幸成为这一期群体中的一员而激动与自豪，国培研修让我享受到更广阔的学习平台，并开启了作为农村教师的自我研修之路，在接受一次次学科前沿报告讲座、生动课例交流洗礼与互动交流的同时，更激发了我们改变农村数学教学现状的责任感和使命感，引领着我们一次次在边学习、边实践中去验证教育的真知。三个多月的学习时光，既自由又紧张，既短暂又漫长。回顾我的国培生活，有享受也有失望，有收获也有彷徨，有疲惫也有向往，有深夜的无眠，也有完成成果后的喜悦……一百多个日日夜夜，一段刻骨铭心的研修时光，我感觉所经历的不仅仅是对数学学科知识的简单充实，新课改核心理念的提升，更是一次对自我教育人生的改变与精神的重新洗礼！

行动篇

（一）积极参与、互动交流

本人充分享受丰富的教育教学资源与广阔的平台，国培期间我共在网上参与了2400多分钟多门的网上课程视频学习，提交的学科作业，都是紧密结合教学实践和自身实际情况，因此我的多个作品被评为优秀作品。县内名师及坊主，甚至领导给我们带来的专题教育讲座，也有一线数学学科教师为我们展示的课例及问题等，从班主任的科学民主管理，到中小学数学学科教学中遇到的问题与探究，从前沿教学理念讲解到生动的课堂展示及专业点评、反思，为我们进一步的探究与实践提供了基础和借鉴。学习中的部分讲座与视频教学，我更是反复观看，恨不得将其中的每一句经典名言、每一位名师专家平凡的情怀感悟及工作方法全都记下来。回到学校，我一定要与同事们一同分享，共同提高。特别是班级互动和小组交流活动可谓异彩纷呈。在自由论坛、互动交流中，有太多的老师反映一个残酷的现实——农村中小学数学教学现状不容乐观，当然我们老师之间有互相倾诉，也有鼓励共勉。在交流中，我共跟帖11个、回复和评论291个、被点赞528个、撰写研修心得3篇、活动参与10次、推优13篇。这一活动增进了老师间的交流，使我们获得了灵感，一起进步，共同发展。

（二）刻苦研修

作为一名长期在一线的数学教师，每周14课时的任务，任教八年级两个班的数学课，还担任八年级130班的班主任工作，加之这个班纪律差，学习成绩又是倒数……光是这一堆繁重的数学教学任务和班级管理工作就已身心俱疲，再来个国培研修活动，我确实牢骚过，失望过，无奈过……因为任务过多，导致班上学生数学成绩有些下滑，学困生没时间辅导，学优生没有时间进行很好的培训，我只有委屈往肚子里吞，但是，回想这么多年来从事自己喜欢的数学教育教学工作，哪一次又不是疲劳不已，忙不顾身，相比取得的成绩和荣誉，更让我回味的还是一次次走过来的艰辛，成绩荣誉只是片刻的欢愉，艰辛的过程才是"无尽的享受"。严肃的"国培计划"带着一份庄严与使命，当然来不得半点马虎，唯有克服重重困难，刻苦研修。因此，每到课余，我就利用课间休息时间，认真浏览课程教学资源，参与班级学习群的评论和回复；有时到了周末，可以在电脑上尽情享受那些骨干教师优秀示范课例与专家教育理论课以及师德师风学习。

实践篇

（一）用浓浓情怀爱岗

教师要想洞悉学生的一切，成功地做好育人工作，就必须善于观察，做个有心人，即对工作要热心，对学生要有爱心，发现问题要细心，处理问题要精心，思想工作要耐心，做事情要用心。总之，作为班主任，我们只要做一个有心人，就能从实际出发，有针对性地及时开展教育教学工作，就能真正把班级管理工作干得很出色。

（二）用教学艺术育人

实践是检验真理的唯一标准，教师只有通过不断的实践，才能把在国培研修中学到的观念和方法落实在教育教学工作中，帮助学生确定适当的学习目标，培养学生良好的学习习惯；运用先进教学方法和手段，创设丰富的教学情境，激发学生的学习动机和学习兴趣；充分调动学生的积极性，为学生提供各种发展的机会，为学生服务，营造民主、宽容的课堂氛围。另外，教师应该把握社会发展对人的发展的基本需要，不断提高自己的教学能力和科研能力，确立培养目标，打造新时代的人才。

反思篇

国培研修活动带给我温情和快乐，也让我的心灵有了些许震撼。作为一名多年的数学教师，我们平时思考的的确太少。平常我们在学校中，基本上采取的还是老一套呆板的教学方法和教学模式，不会去灵活变通，作为新时期的教师，我们要给自己提出更高的要求。

首先，教师要跟上时代改造的程序。在数字信息化高速发展的时代，信息技术技巧在教学方面的应用犹如一列高速行驶的列车，驶入了城市和乡村学校，那么如何应用教学信息化促进学习方法的改进？普遍应用成为我们教师迫在眉睫需要解决的问题，这些问题的存在促使我们新一代教师要善于学习，抓住国培研修培训机遇，增进同事间的交流和互相学习，不但要吸收身边优秀教师的经验，更要利用网络平台向全国各个先进学校学习。

其次，教师要树立终身学习的理念。这一点不但是年轻教师要认识到的，更是我们中年教师要果断执行的。我们应多反思，多听课，多学习，多实践；从教育教学的手段上，我们可以制作微课，应用电子广板、平板等教育教学设备将课程内容形象地展示出来。教育教学要注重创新，着力授法，全面客观地评价学生。专家老师们的新理念、新视野就像一扇窗，让我看到了更辽阔的学习天地，而不再是井底之蛙。国培学习使我认识到，为人师者不再只是独自耕耘，而是要实现心灵的交换、情感和智慧的碰撞。

"四精准、四融合"为提高教师信息素养赋能

——信息技术提升工程2.0实施经验介绍

攸县教师发展中心　易卫星

攸县在实施信息技术提升工程2.0过程中，以"四精准、四融合"方式，有效地进行专项培训，即精准组建团队、精准制订方案、精准实施培训、精准实施考核；在整校推进实施中进行"帮扶工程""青蓝工程"与信息2.0培训相融合，与国培其他培训项目相融合，与县课堂教学大赛、课题相融合，与校本研修管理平台相融合。

一、"四精准"构建教师信息素养发展新机制

（一）精准组建团队

1. 领导团队

培训项目成立了"国培计划"2.0项目县工作领导小组，由分管教育的副县长任组长，教育局局长和其他相关职能部门负责人任常务副组长，分管副局长任执行副组长，教师发展中心、计财股等股室负责人为主要成员。

2. 管理团队

培训项目成立了以县教师发展中心、基地校、子学校三级管理团队，学校以校长和主管师训的校长作为管理团队的负责人。

3. 培训团队

培训项目组建了研训一体四维培训团队：中心团队、导师团队、基地校团

队、子学校团队；通过24个学科名师工作室联片指导和6个区域联片教研集团进行培训团队资源整合，成立了以区域联片教研集团，以基地校为核心引领辐射，以工作坊为支撑点，线上线下，联点指导，区域推进。

培训项目建好了三支团队：县级融合团队、校级融合团队、坊主团队。

（1）县级融合团队。师训站牵头，和教研室、装备站、职专师训科、县级名师工作室联合，组成了共50人的攸县信息技术能力提升工程2.0县级融合团队，主要负责项目的具体组织实施和日常管理，负责本区域2.0实施方案的制订、校本应用考核的组织实施，并完成县级融合团队的集中培训，由融合团队组成技术团队。

（2）校级融合团队。由全县各小幼学校校（园）长、主管师训的副校长、教科室主任、教研骨干组成的校级融合团队，共80人，主要负责制定本校信息化发展目标和规划，并完成校级团队的集中培训，由校级团队带动各校校本培训，为教师创造良好条件，促进每位教师在日常课堂教学中有效运用信息技术，提高信息化教育教学水平。

（3）坊主团队。全县共组建190个工作坊，坊主由各校的教研组组长及信息技术骨干教师担任，组织并指导教师进行信息技术应用能力线上学习和线下实践应用，做好信息技术应用能力考核，确保考核结果客观、公正。

（二）精准制订方案

为了高效、高质完成能力提升工程2.0，并为今后信息化建设提供制度保障，我们尝试做了以下9个方案：一是能力提升工程2.0区域规划方案；二是能力提升工程2.0整校推进方案，这是我们实施此项工作的纲领；三是提升工程2.0试点县项目实施方案；四是能力提升工程2.0试点县（攸县）项目团队研修方案；五是攸县中小学教师信息技术应用能力提升工程2.0整校推进考核方案；六是针对各学校要求制订整校推进方案和信息化规划方案；七是各学校的校本应用考核办法；八是逐渐完善各学校对学科的各种课型的信息化教学评价量表；九是每位教师撰写各自的能力提升工程2.0反思单，制订好能力提升的策略及计划。从宏观到微观，我们从"细"入手，以"严"把关，用制度来管理和引领。

（三）精准实施培训

培训对于管理者、坊主、教师的校本、网络研修等活动精准实施，对各学校组建的工作坊做到精、细、专管理。

1. 管理者培训

我们抓住校长是领头人，实施多轮集中内训。首先，我们对2.0项目的相关内容进行解读；其次，依托中国教师研修网，完成项目申报、课程设置等前期工作；最后，通过管理者汇报答辩方式进行考核，精准针对各学校的实际情况进行培训。

2. 坊主培训

在各学校工作坊坊主培训中，我们通过目标管理、定期督查、技术指导、总结考核等方式提高工作坊团队的岗位管理能力，并对各培训学科内容进行分类分学科指导，对各学科确定主要能力点，提高培训效率和学校可复制性；在项目结束后，通过成果展示、述职反思、座谈测评、总结表彰、复制推广等形式，对教师能力点培训的成果加以整理，强化管理团队和工作坊团队的内化意识，进一步提高教师工作坊团队和管理团队的业务能力。

3. 学校工作坊文化建设

工作坊四个任务：整合优秀资源，将工作坊、名师工作室、优质空间、送教下乡专家团队有机结合，打造团队文化。

工作坊三个目标：实现"出作品、造精品、铸名师"的培训目标，通过"培训+培养"的新型模式，致力打造攸县教学名师文化。目标的设定让培训者获得了更多挑战、更多幸福感、更多成就感。

工作坊两条要求：用心学习+专心研修。培训明确要求，让学习者有了更多的研修体验、时间、空间、内容。

工作坊一个切入点：学科研修主题。培训能更好地聚焦主题，结合能力点进行主题培训，产生更好的品质、更高的美誉度。

4. 网络研修"四落实"

网络研修通过落实学校坊主责任人、落实教师个人能力点、落实学习阶段得分点、落实个人成果产出，截至2020年12月20日，3200人的学习全部合格，共组织活动830个，活动参与学员高达11461人次，作业数10522篇，坊主点评作业9937篇，产生优秀成果44例。

（四）精准实施考核

培训由县教育局统筹，县教师发展中心、学校、校本考核专家团队三方组建考核组，根据2.0推进要求及省文件20个能力点要求，抓住整校考核、教研组团队考核、个人校本应用考核三个关键，制定相应考核标准。

1. 考核内容"三纳入"

纳入学校年度目标考核、纳入教师晋职晋级、纳入绩效考核。

2. 考核方式"三可见"

研修成果可见、研修态度可见、研修行为可见。

3. 考核过程"三公开"

公开考核程序、公开考核标准、公开考核结果。

4. 考核结果"三反馈"

项目组将学员情况一周一通报及时反馈给相关学校，并针对每位成员的实际完成情况做出评价和建议，具体包括：反馈"优秀学员"情况并颁发"荣誉证书"；反馈"进步学员"，指出其闪光点，促其努力；反馈"不合格学员"，适当批评教育。

县教育局将教师继续教育学分作为评优、评先、晋级的必备条件，对2.0推进工作获奖个人、团队及学校进行表彰奖励，将教师参加工作坊研修情况纳入对学校年度目标考核的重要内容，将2.0研修成效纳入中小学办学水平评估、校长考评和教师绩效考核的指标体系。

二、"四融合"构建提升工程2.0与校本研修共同体

信息技术提升工程2.0网络研修和校本研修的主体是学校，县发展中心组建了QQ交流群、微信沟通群，管理者、融合团队专家、坊主、学员随时随地进行互动交流，学员不懂就问，专家解惑答疑，形成了一支庞大的研修共同体，通过四融合方式，很好地把提升工程2.0和校本研修有机地融合在一起。

（一）与学校的"帮扶工程""青蓝工程"相融合

采用"互助"方式，课堂教学水平由师傅指导，网络学习和技术支持由徒弟帮助，即"青代蓝"，师徒共同成长。（通过帮扶、组建技术小分队，采取强带弱，以新带老的方式达到信息技术学科融合的整体效果）

（二）与国培其他项目融合

一是与承担国培信息技术课程的授课任务相融合。学校专门设置信息技术送教培训学科，所培训的课程都与信息技术2.0密切相关，并由信息技术培训者团队对其他送教学科进行信息技术指导。二是与送教培训的辐射引领相融合。我们在送教培训辐射引领"三个一"活动（一次成长分享、一节汇报课、一次完整的教研活动）中，要求学员在分享展示中，都要汇报运用信息技术解决教

育教学问题的情况。三是与学科教师工作坊的作业相融合。坊主在布置作业时，特意设计与信息技术提升2.0相关的作业。

（三）与课堂教学大赛、课题及课堂日常评价相融合

一是与课堂教学大赛相融合。县教育局开展"学课标育素养""新教师汇报展示课"等运用信息技术融合课堂的教学大赛，要求参赛教师在展示中运用信息技术手段，并在评委评分标准中占2分。二是与课题相融合。例如，信息技术学科团队的研究课题"网络联校推动农村小学学科建设的探索与实践"，已被省立项。三是学校的课堂日常评价运用信息技术手段作为教学必须考核内容。

（四）与校本研修管理App平台相融合

校本研修管理App平台已经实施了两年，各学校将校本研修管理App平台与提升工程2.0培训相融合，把学校各项校本活动内容与提升工程2.0能力点内容进行融合，管理团队实时跟进教师的网上学习，发现集中性技术问题由信息技术教师给予指导，简单的问题在互助团队中解决。

三、成果与特色

（一）管理模式在转变

1. 学校教学常规管理的转变

学校管理人员（校长）能够运用信息化工具进行常规管理的意识在增强。例如，各类通知的下发、工作安排、资料的上交、教研活动的开展等，各处室都是通过微信、QQ群内发布，并且通过"问卷星"发布，便于各类数据的统计与分析，极大地提高了工作效率。

2. 教师获取资料的方式在转变

培训期间，专家所传授的一些信息技术给教师的帮助很大。"王子极简"所介绍的手机小程序，可以解决许多信息技术方面的问题；金山、腾讯等在线文档，让资料收集更快捷、更准确；百度云盘实现了资源共享，优化了时空，问卷星、微信群成了家校互通的必备工具。

（二）教师信息化应用水平在提高

（1）教师信息化应用水平普遍提高。例如，大部分教师能够使用希沃白板、班级优化大师等进行教学管理。

（2）信息化手段辅助教学运用更广泛。手机同屏互助已经成了教师的常用工具，制作微课成了常态。

（三）校本研修呈现多元化

（1）在线集体备课平台得到了充分使用。2020年参加省在线集体备课大赛组队333个，获特等奖2名、一等奖12名，参加株洲市优课大赛组队242个，各坊组织在线上进行集体备课、听评课活动，及时有效，精彩纷呈。

（2）相关的教研活动通过校本研修平台得到了充分的展示。

（3）在培训中，我们实现了"三转"：从"我给你培训什么"转向"你想要培训什么"，从"我要你做什么"转向"你能真正开展什么"，从"我能给你什么"转向"你我能共同解决什么"。培训解决了教师所面临的具体问题和真实需求，从而使每一位参培教师都能在解决"真问题"中得到"真发展"。

"三线三环"搭建心育起步阶段的脚手架

——攸县A2080心理健康工作坊研修案例

张敏艺 文 辉 沈岳红 陈新荣

一、问题和背景

其一，2022年下学期，攸县举办了第一次心理健康教师工作坊研修，在参加研修的50名学员中，专职教师仅1名，还是2021年才上岗；心理学专业出身的教师，仅2名，但目前他们从事的并不是心理健康教育教学。整个研修班的学员，几乎都是教非专、教非学的教师。

其二，攸县教育局很重视心理健康教育，从2020年开始，攸县每年都会为全县班主任或者心理健康教师举办各种形式的培训。因为有很多教师对心理学感兴趣，有一定的心理健康教育知识与技能的基础，但比较杂、散；大多数教师的关注点，更多的是集中在如何去帮助心理有问题的孩子做心理辅导，至于怎样在学校面向全体学生开展心理健康教育，其相关的理论素养以及实践经验是极少的。

因而，我们思考的问题是：①立足现实，了解学员的需求是什么。②工作坊的研修目标该怎么设定？③工作坊的研修主题该怎么选择？④研修活动该怎么设置，才能引领、促进学员学有所获，并能做力所能及的心育工作？

综上，攸县（A2080）心理健康工作坊团队，在教育局组织的观摩学习与学员需求调研的基础上，探索出立足于攸县本地实情的"三线三环"搭建心育起步阶段脚手架的研修模式。

二、做法与成效

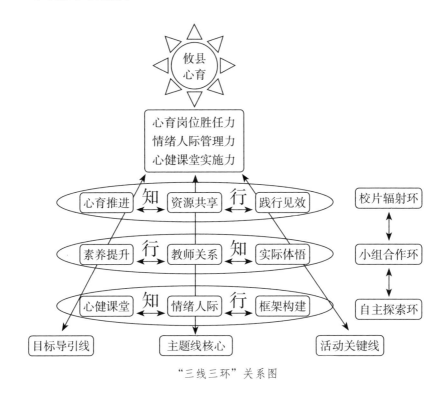

"三线三环"关系图

（一）紧扣目标导引线

（1）立足心健课堂主阵地。心理健康教师岗位立足于积极心理学视角，面向全体学生，为全体师生的心理健康水平提升而工作。因此，心理健康教师不是把自己视为心理咨询师，只注重心理个体辅导，只关注可能心理有问题的少数学生，而是把自己定位为：面向全体学生，以课堂作为主阵地的心理健康教师。

（2）注重教师心育素养提升。心理健康教育是以心育心，对教师的要求比较特殊。心育教师不但要研磨好自己的心育技能，更要修炼好自己的心灵，才有可能真正地用心灵滋养心灵，用品行润化品行。所以，此次工作坊研修不仅注重教师心育课堂设计实施的技能研磨，更注重教师心育素养的提升。

（3）推进校片县域心育发展。学员研修最重要的是学以致用见实效，所以在研修过程中，要注重以学促行，在本校及片区，做因地制宜的实践探究，推动校、片乃至辐射影响整个县域，推进攸县心理健康教育的良性发展。

（二）谨择主题核心线

（1）探究情绪、人际双重点。几乎所有的心理问题都包含着情绪问题，几乎所有的问题都与他人的不良人际关系相关。工作坊先后两次调研显示，教师亟待学习的内容有二：情绪管理和人际交往。教师反映：在实际工作中遇到的心理健康问题，大多数跟负面情绪以及人际交往不良有关。根据学生心理发展规律：相比较而言，小学生更多的是面对负面情绪不知道怎样理解和管理，从而引发各种问题；初中生进入青春期后，人际交往不良引发的问题更多。因此，我们研修的主题是"聚焦情绪管理或人际交往心育课堂的实践研究"，选择的是情绪管理与人际交往双重点主题。小学学段教师主要探究学生情绪管理类心育课堂实施，中学学段教师探究人际交往类型心育课堂实践。

（2）关怀教师心理健康。一个心理压抑、苦闷、消极、悲观的教师，教不出意气风发、积极乐观的学生，教师的心理健康也需要关怀、需要调适。自"双减"政策实施后，学生的学习压力确实减轻了，但教师承担的责任更多，压力更大。如何调适教师的负面情绪，如何调整教师的人际关系，这些方法技能，对教师自身而言，是很需要的。我们选择情绪管理与人际交往的心育课堂的设计实施探究，需要教师运用相关的知识技能，不断地学习实践，打磨沉淀，这对教师而言，就是一种自我成长的极佳途径。

（3）资源共享，并行融合。从情绪、人际课堂双重点，到学生、教师心健双注重，可以看出：不管是小学生、中学生，还是成年人，情绪问题与人际问题基本上都是同时存在、难以分割的；所以，工作坊研修前期双重点双轨并行，后期中小学并行融合，情绪管理与人际交往资源共享，让工作坊研修成果最大化。

（三）巧设活动关键线

学员几乎都是小白，根据主题线，我们该怎样搭建好向上攀登的脚手架，才能帮助他们从无到有、从理论到实践，稳步前进到达目标线呢？

我们的活动设计是："三线"并行，三层"三环"。

第一次主题研修活动："学员自主设计一堂聚焦情绪管理或人际交往的心育健康课。"

第一层：自主探索基础环。

构建设计思路框架：心育课堂特色（框架）—情绪管理与人际交往基本知识与技能（内容）—设计一堂心理健康教育课（练习）—交流反思总结（反

思）—作业：微课程设计（结构）。

"第一次知行循环"：从知（知识理念）到"行"（尝试练习），从框架到设计再到结构，帮助学员在脑海里逐步构建心育课堂设计实施的雏形。

第二次主题研修活动："小组选同一心健主题同课异构研磨实操。"

第二层：小组合作实操进阶环。

团体研磨实操促体悟：小组同主题同课异构，组内互评，推出优质课例（互动迁移）—坊团队一课一议、听课磨课，学员试教（研磨实操）—示范课引领，教师心理关爱团辅，团队教学再设计（教师关怀，智慧共创）—优质课例展示，学员再研磨，学校再上课（研磨实操）—作业：撰写成长故事或者研究论文（总结提炼）。

"第二次知行循环"：学员四次研磨实操，从行（实操）到知（理论提炼），把原本比较"虚"的理论，一步步身体力行，吸收内化，再到理论层面的提炼总结，让学员真正感悟心育课设计、实施、收获的全过程，提升自身的心育素养。

第三次主题研修活动："学员校、片区进行符合本人本校实情的岗位实践。"

第三层：辐射引领（自主与团队县域融合）促进环。

岗位实践落实效：学员在本校研课磨课，参加在线备课大赛，上示范课（实践提升）—开展微讲座，制作微课（多媒体融合）—抗疫心理援助（公益辐射）—开展"研赛培"心理健康课堂校赛、片赛（实践提升）—送教下乡（辐射引领）……通过各种形式开展"研赛培"心理健康课堂科普宣传心理健康，扩大心理健康教育影响的范围，推进校、片乃至整个县域的心育良性发展。

"第三次知行循环"：团队资源共创共享，进行岗位实践，学员从知（学习收获）到行（辐射引领），从线上到线下，从坊内到坊外，从学习到引领，把研修真正落到需要处，落到有效处，切实推动校区、片区乃至整个县域的心理健康教育良性发展。

行者知之始，知者行之成，知行合一，学方可成。经由目标主题活动设计，工作坊（A2080）为学员搭建的研修脚手架是目标、主题、活动，三线并行；自主、团队、自主与团队融合，三层递进；知行互促，三次循环。

（四）喜现成果：三力提升

（1）心健课堂实施力。研修临近尾声，经调查，每个学员都在学校至少上过一堂心理健康课，录制过一堂微讲座或者微课；工作坊已推选出8堂优秀课例、10个优秀微视频；有20个学员参加过"研赛培"心理健康课堂大赛，其中校级一等奖有12名；3名学员获得已经举行中小学心理健康课堂教学联赛的三个片区的一等奖，6名学员获片区二等奖，3名学员带着自己的优秀课例送教下乡，进行校本指导。研修班全体学员的心育课堂设计实施力极大提升。

（2）情绪、人际管理力提升。通过心健课堂的设计实施，通过李志艳专家线下心理关爱团辅中的引领，通过研修过程中团队合作的互帮互促，通过写研修心得、研修论文、研修成长故事，教师的情绪管理与人际交往方法技能，在持续的学习实践反思中不断改善内化，不断提炼总结……目前，学员整理的优秀情绪管理与人际交往文章10篇，撰写的优秀研修成长故事12篇、优秀研修论文6篇，有很多学员表示对自己的情绪、人际管理很有帮助。教师的情绪人际管理力得到极大提升。

（3）心育岗位胜任力提升。心健课堂的实践探究与心健教师的素养提升，让学员的岗位实践做得有声有色。据调查，3名学员推动本校成立心理辅导室建设，5名学员推动本校成立心理健康教育指导中心；疫情停课期间，将近40名学员都在本校制作推文、微视频，帮助全体师生做心态调适心理帮扶，有6名学员参加"同心抗疫"攸县教育线上公益心理援助个体心理辅导值班；有22名学员表示，研修之后，更懂得怎么与学生谈心、谈话，进行心态调整；有5名学员有在本校积极为学生开展心理辅导，为家长进行家庭教育指导的成功案例。学员的岗位胜任力得到极大提升。

学员"三力"提升，不仅可以提升全体师生、家长的心理健康水平，更是大力推进攸县整体心理健康教育的良性发展。

三、主要经验

（一）情绪、人际双重点

情绪管理与人际交往是心理健康教育的两大重点。心理健康教师研修，可以开展中小学教师同修，可以设置双重点，可以实现智慧共创资源共享，让研修成果最大化。

（二）研技、修心双轨并行

"育人先育己，育生先育师。"心育实施，注重以心育心。心健教师研修践行，不仅帮助学生拥有健康心灵，也在不断滋养自己、提升自己，因此工作坊研修需研技、修心双轨并行。

（三）因地、因时落实效

心育内容并不是固化的，工作坊可以根据心健教师本人、本校实情，灵活机动地实施有需要、有特色的心理健康教育；可以根据学生、学校实情设计、实施心健课堂，开展各种主题班会、心健活动；可以帮助教师进行压力调适；新冠疫情下，可以帮助教师、家长、学生进行心理帮扶。总之，我们不拘一格，可以在本校及片区根据实情探究符合本人、本校、本土的心理健康教育实施途径，共同推动攸县心育稳步前进。

小主题、准聚焦、大提升

——"国培计划"（2018）攸县送教下乡项目解读

攸县新市中学　易唐云

攸县申报成功"国培送教下乡第四批项目县"，回首整个送教下乡活动，从最开始的懵懂无知、无从下手，到后面的小试牛刀、拨云见日，再到圆满完成任务，收获颇多。据说很多已经申报并实施了项目的县有点怵，没申报的县有点怯。现在整个过程实施下来，作为其中的一个实施团队，可以说，我们既不怵也不怯，其中初中物理课程送教下乡就由我们初中物理名师工作室承担。整个培训跨时较长，工作室精心设计、组织了每一个环节，下面我把我们物理名师工作室这次培训总结为"一个主题、两个提升、'三个三'的实施过程"。

"一个主题"："基于提升学生思维能力的实验教学。"其中在主题确定环节，我们通过前期调研，根据物理学科的特点和需突破的难点，我们最终确定主题为"基于提升学生思维能力的实验教学"，我们在教学中不能唯实验而实验，把思维贯穿在实验教学的四个环节，进行有"深度"的实验，这才叫实验的成功。

"两个提升"：一是提升全体学员的实验教学能力。通过对主题的剖析，我们在实施过程，学员认为这个主题聚焦了我们当前物理教学的一大难题，像株洲市每年的物理中考考实验时不是简单的物理实验情景的重现，也不是简单的实验原理的填写，主要突出在实验教学中对学生思维深度和广度的考查。二是提升培训团队的业务素养。整个活动下来，我们团队付出很多，但收获也很多，整个培训团队在各方面的素养可以说都有一个质的飞跃。

"'三个三'的实施过程"：第一个"三"，即"三磨"，学员的自磨课、学员的互磨课、团队的集中研磨课。在磨课的过程中，我们做到让学员磨出"情趣"，体验磨课过程中的快乐，而不是让磨课演化成"磨人"，我们穿插了学员的表情包分享、学员课后大讨论等。

第二个"三",即"三评",评出优秀研磨课,根据个人研磨、互磨、小组研磨,我们每组推选出两堂优秀的研磨课,然后用他们的视频课进行集中展示,根据一案、二案、三案分别评出优秀的教学设计,根据物理学科的特点,评出优秀的自做教具。这个"三评"是我们原创的环节,实施下来效果很好,学员的参与度很高,特别是有的学员的自制教具原创性很强,给人眼前一亮的感觉。

第三个"三",即"三讲"(三个讲座),第一讲讲透怎样优化物理实验教学以及对我们的主题的剖析,要求准确到位,使学员能结合这个主题清晰怎样高质量地完成这次培训。我们教研室的贺建湘主任,机智幽默的讲解得到了学员的一致好评。第二讲做实"五个维度",做实精品课堂。第三讲讲透信息技术在初中物理教学中的应用。作为物理教师应能很好地应用信息技术能有效地提高我们的课堂教学效率,而我们的物理教师在信息技术的应用方面确实很欠缺。现在农村初级中学都配备了"班班通","班班通"的装备给农村中学教师带来了惊喜,但更多的是挑战。虽经过不断培训,教师掌握了其基本的应用,但课堂中很多教师课件不是为其教学服务,而是被课件牵着鼻子走,教师在PPT播放时不知下一张课件是什么内容。究其原因,教师在上课前只是网上下载课件,且不能根据自身教学需要进行编辑,全程拿来主义。比如,前阶段我在我校听了一节语文课,教师一节课的PPT有四十多张,有几张PPT打开后,教师马上就跳过去,有时从后面又找前面的PPT,课后我和其交流时,我问:"你不要的PPT为什么不删除?"他说:"我对课件制作不熟悉,只能这样将就着办。"好一个"将就着办",它使教师为PPT所累,时间浪费在课件上,不仅没增加容量,反而课堂节奏都被打乱,其原因在于教师对于课件的使用停留在初级阶段。对信息化教学资源的加工、处理及整合应用都存在重重困难,产生畏难情绪,缺乏信息教育资源应用的主动性。不少教师还对计算机有或多或少的排斥感、畏惧感,仍然固守于"一支粉笔一本书、一块黑板一张嘴"的传统教学模式。这些现象的存在给我们农村物理课堂提了醒,敲了钟,我们必须打破这种恶性循环。所以在这次培训过程中,我们主要做到了"三个分享",我们分享了怎样在中国知网里下载资料和期刊文章,分享了微课制作的CS软件及制作技术,分享了现有教室里面老式"班班通"的手机同屏技术,有好多教师都对老式的"班班通"进行了小改造,并在群里分享了他们同屏成功的快乐，这可以有效地提高课堂教学效率，同时教师在群里交流使用最多的课件的制作技术，达到共同提高。现在我们交流最多的也是课件制作，基本达成了共识：针对信息技术与农村物理学科的整合，我们需要共同做好以下几点：

（1）多媒体课件能辅助教师但不能替代教师。大部分实验教师还是要用实物来进行展示，而不是一味用微课或仿真实验来代替。多媒体课件只是教学工作者的一个教学辅助工具，而不能替代教师教学中的主导地位。

（2）多媒体课件不是教学板书的简单摘抄。我们不能简单地把板书搬上屏幕。

（3）不能为用课件而用课件。我们不能片面追求生动活泼、动感的效果，而不顾页面元素的内在联系，不能过度使用媒体资源，甚至加入与课程内容无关的图片、动画、音效或视频。

"五梯度"螺旋式研修赋能教师专业发展

——"国培计划"2020年攸县学前教育送教培训实践与探索

攸县直属机关幼儿园 董 宜

在"国培计划"2020年攸县学前教育送教培训中，基于学员实际水平和需求诊断的情况，我们确定了培训主题"幼儿园班级大型主题表演游戏活动的设计与组织"。为确保良好的培训效果，根据本主题研修的需要，我们在本次培训中采用"五梯度"螺旋式研修模式，从了解—观摩—实操—展示—辐射五个不同层次的梯度，引领学员在积极互动的团队研讨中，从理论学习到实践操作，再到理论反刍，在螺旋式升华的过程中掌握设计与组织建构游戏的有效策略。

一、建模——基于学前教育培训的痛点与难点

在以往的培训中，我们发现学前教育培训主要存在以下两个痛点、一个难点问题：

痛点一：培训内容零碎，未聚焦主题。学前教育牵涉面广、内容多，培训者贪大求多，结果看似满满当当，实则样样不精，未入骨髓。

痛点二：培训模式陈旧，形式单一。培训往往采取我讲你听的方式，重理论学习，轻实操培养，学员互动少、参与少，培训效果不尽如人意。

一个难点：作为培训者，我们思考：如何让学员通过培训，将学习成果刻骨入髓，产生真正的改变呢？

《成人学习理论的新进展》一书认为，成人的学习必须遵从四个法则：效果法则，即学习需要在愉快的环境和氛围中进行；练习法则，即学习需要通过大量的练习来加深印象；联想法则，即理论联系实际有利于成人对认知对象的掌握；有备法则，只有在有需求的时候才会选择主动学习。

"了解—观摩—实操—展示—辐射""五梯度"螺旋式研修模式，是一种典型的体验式培训、互动式培训，能让学员在愉快的学习氛围、不同层次工具单支持下的实操练习中获取良好的学习效益。

二、用模——"五梯度"螺旋式研修模式实施的步骤与要点

（一）了解——熟悉主题，初悟模子

了解阶段的主要任务是让学员了解什么是主题建构游戏，我们主要通过三个途径落实。

1. 自学理论

线上推荐"新多元"和专业书籍，大家自学、明晰相关概念。

2. 专家讲座

外聘专家，结合自己园所开展的大型主题建构游戏的多个案例，举办讲座，理论联系实际，给予学员知行合一的最佳途径。

3. 互动研讨

从概念辨析、建构技能、关键经验、巧手拼插四个方面，通过互动研讨帮助学员掌握建构技能及幼儿各年龄段的关键经验。

（二）观摩——实观模式具体样子

观摩阶段的主要任务是让学员了解建构游戏活动的教学流程。我们主要采取以下三方面落实。

1. 定模子打样板

导师们凝聚团队的智慧，实行"致格磨课"，通过三次研磨不断优化示范活动的质量。

2. 观案例品"范"点

组织学员分组从教师、幼儿的角度进行观察并记录，共同品析亮点。

3. 理头绪悟模式

导师引领大家学习怎样"观课"，悟出主题建构游戏活动的教学模式。

（三）实操——体验尝试建构路子

实操阶段主要是让学员掌握设计与组织建构游戏活动的策略。

1. 尝试设计

采用理论加实操的形式，学员在实战研讨中学习设计各年龄段的游戏方案。

2. 自我蜕变

学员在自己园所尝试设计与组织，导师进行线上指导。

3. 同伴互助

学员分组以两个活动为载体，分别以教师、幼儿、环境创设三个维度进行观察，针对活动情况进行分析。

4. 专业梳理

各组导师理论加实践，梳理出设计与组织建构游戏活动的策略。

（四）展示——搭建深化模式台子

展示阶段主要任务是让学员学习怎样客观、全面地评价建构游戏活动。

1. 一观

组织学员分组观摩优秀课例及说课反思。

2. 一议

各组学员分别从教师、幼儿两个维度对活动进行评价。

3. 一讲

导师根据案例阐述怎样从这两个维度对主题建构游戏进行客观、全面的评价，让学员知道怎样"评课"。

（五）辐射——全面播撒模式种子

辐射阶段主要任务是让学员学习怎样在园所开展建构游戏活动，并以学员为种子引领其他园所全面开展。

1. 专业支持

我们通过讲座、解惑指导学员怎样在自己园所开展教研，引领园所其他教师切实开展主题建构游戏。

2. 线上指导

各组导师线上答疑解惑，指导学员完成"三个一"，即组织一次分享活动、组织一次建构游戏活动、提供一套优质资源（活动设计3稿、课件、成长经历、优课视频、参培心得等）。

三、助力——"五梯度"螺旋式研修模式的辅助策略

在"五梯度"螺旋式研修模式中，我们采用各种辅助单、多种梯度量表及各种团建拓展形式等，从不同角度提升研修效率。

（一）"三单"解惑助力

一是"自我剖析单"，利用问卷的形式直击学员共性的问题困难。

二是"同伴解析单"，分享大家在实施中遇到困难时的解决办法及经验。

三是"专业析理单"，导师结合课例对学员共性的问题给予更专业、具体的解惑。

（二）多量表全面支持

我们根据侧重点设计有梯度的观察量表，如"示范教学"的案例研讨从教师、幼儿两个角度来记录，主要记录教师说了什么、幼儿说了什么、用什么建什么、用到了哪些建构技能等，主要是对框架设计的描述。"实战"流程中的案例研讨是从教师、幼儿、环境材料三个角度来记录，不仅要观察，还要进行适宜性分析。"展示"流程则又提高了难度，主要记录环境材料的设置，教师的组织、观察指导、介入是否适宜，以及幼儿的游戏行为、游戏习惯等，并进行整体性的评价。

（三）四维度团建造势

"五梯度"研修需要大家积极参与各项实操练习，充分发挥团队协作能力，共同完成研讨任务，为此我们利用各种团建活动来辅助我们的研修。

（1）"破冰"团建促了解。通过互动游戏、小组文化建设达到"学习共同体"仪式上的归属。

（2）示范团建练"内功"。设计训练学员观察力、视听觉、表现力、表达力、注意力等方面的互动游戏。

（3）拓展团建齐"协作"。设计如"环环相套""水果蹲""千斤顶"等游戏活动。

（4）课程团建共"提升"。让学员体验分组搭建游戏活动，然后小组展示，激发各团队的团结协作意识。

四、收获——"五梯度"螺旋式研修模式的典型经验与推广价值

"五梯度"螺旋式研修模式实施以来，参培学员在蜕变，导师团队在成长，在培训团队的辐射引领下，攸县的主题建构游戏开展得如火如荼。

（一）典型经验

1. 设计注重梯度

通过有梯度的研磨，从易到难，由浅入深，让学员从理论知识到游戏设

计，从游戏实践到案例分析，逐渐掌握设计与组织建构游戏活动的策略。

2. 过程注重辅助

采用各种工具单、梯度量表，辅助学员观课、研课和磨课，提升学员参与活动的主动性。

3. 实施注重文化

采取互动、体验、拓展团建等激励措施，营造轻松愉快、团结向上的团队文化，保证良好的研修效果。

4. 资源注重统筹

利用名师工作室平台，统筹全县本土专家资源，加大对片区研修、校本研修的技术支持和指导力度，通过三层级（园所、片区、县域）研课磨课、成果展示以及两层次（个人和团队）辐射引领，实现县域专家资源应用最大化，破解小规模幼儿园和民办幼儿园本土专家不足的难题。

（二）推广价值

经过实践探索与检验，"五梯度"螺旋式研修模式更有其独到的创新点。研修内容切合学前教育的实情，研修方式符合成人学习规律，吸引更多学员激情参与，真正赋能教师专业发展。另外，该研修模式操作性强，可复制、可推广，对攸县学前教育产生了巨大影响，也必将辐射、引领未来更多的学员与园所。

参考文献

［1］诺尔斯. 现代成人教育实践［M］. 蔺延梓，译. 北京：人民教育出版社，1989.

［2］潘岳祥. 成人学习理论与教师继续教育［J］. 湖南师范大学教育科学学报，2005（4）：86-88.

［3］周丛笑，陈丹，邓艳. 幼儿园教育活动观摩与研讨［M］. 北京：北京师范大学出版社，2020.

［本文系湖南省教育科学"十三五"规划2020年度一般资助课题"县域教师培训与校本研修对接策略的实践研究"（课题批准号：XJK20BJC023）阶段性研究成果］

运用"四环递进"模式，优化物理概念教学

——对坊主题"基于情境创设开展概念教学"的思考

攸县教育局教育科学研究室　贺建湘

　　概念教学是物理教学中的重要内容，对学生物理观念、科学思维、科学探究素养的提升有重要作用。学习理论表明，基于学习路径的教学能引导学生围绕有挑战性的学习任务全身心参与学习，有效促进学生核心素养的发展。实践表明，概念教学模式就是一条契合学生思维发展的学习路径，可有效帮助学生建构物理概念，使学习真正发生。

一、基于深度学习的"四环递进"概念教学模式设计

　　深度学习理念下的教学强调学习的理解性、建构知识的主动性、思维的深刻性和问题的解决。基于深度学习的教学环节之间应符合课堂的内在逻辑和学生的认知发展规律，其教学路径如下图所示。

基于深度学习的教学路径图

　　有效的概念教学必须符合概念形成的规律。在教学实践中，我们可从概念的定义出发探寻学生的概念形成过程，从而设计概念教学的模式及步骤。物理概念是客观事物关于物理的共同属性和本质特征在人们头脑中的反映，是客观事物的抽象。从这一定义可以看到，只要认识了客观事物的本质属性，就会在自己头脑中形成相应的物理概念。所以，概念教学要让学生经历感知活动、

思维加工、理解应用、形成结构的过程。据此，基于下图，我们设计了物理概念教学的"四环递进"教学路径模式。该教学路径模式包含"创设情境，初步感知""科学方法，建立概念""基础练习，阐释概念""联系实际，解决问题"四个环节，其对应的概念学习思维程序如下图所示。

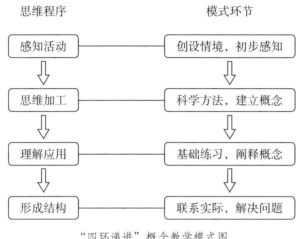

"四环递进"概念教学模式图

二、"四环递进"概念教学模式解读

（一）创设情境，初步感知

初中学生的知识和经验都较少，思维活动往往依靠直观的感性材料，因此教师做好演示实验，多举一些生活中的实际实例，使学生获得与物理概念有直接或间接联系的具体直观的感性认识，对学生形成概念大有作用。创设情境时，教师要注意切合主题、贴近生活、贴近社会、贴近时代，要注意物理事实的罗列按照有目的、有利于显示物理事实中的相同点或相异点的规则排列，以便探究。教学中常见的创设方法有：基于物理实验创设概念教学情境。比如，在学习《光的折射》相关内容时，教师可以在讲台上放一个装有清水的烧杯，然后往烧杯中放入一枚硬币，引导学生仔细观察烧杯中的硬币。然后提出思考问题；基于生活现象创设概念教学情境。比如，在讲解《压强》概念时，教师可以展示运动员滑雪和在雪地上走路的画面，引发学生思考。

（二）科学方法，建立概念

科学方法是指人们在认识和改造客观世界的实践活动中总结出来的正确思维、行为方式。科学方法包括：物理方法，如观察、实验、假说、模型、理想化、等效、模拟、转换等；数学方法，如比值定义、方程、图像等；逻辑方法，如比较、分类、类比、推理、分析、综合、归纳、演绎、抽象、概括等。在概念的建立过程中，教师要特别注重思维的加工，主要着力于两个方面：一是基于材料概括共同属性，二是抽象出概念的本质。教师在教学中要注重问题的有效性，使思维加工更加细致和有逻辑，另外从理论上进行思维加工也很重要。这些科学方法的运用，在概念建立的过程中能够发展学生的物理观念和科学思维素养，提升学生的实验探究能力。

（三）基础练习，阐释概念

学生初步建立起物理概念后，教师可以通过一些简单习题帮助学生理解概念的物理意义，使学生初步理解概念。教师一般可以运用教材中的例题和练习帮助学生理解，也可以适时设计一些体验性的活动，如在学完"功"之后可以设计体验"1J有多大"这样的活动，帮助学生强化认识。阐释概念时，教师一定要注意紧贴概念的含义设置有层次的问题。

（四）联系实际，解决问题

当学生形成概念后，教师必须及时提供运用概念的机会，让他们将抽象概念、规律运用到具体的物理现实中去。学生只有在不断运用物理知识解决实际生活问题的过程中，才会把物理知识内化为自身的能力，从而达到理解、巩固和深化物理概念的效果。此环节应尽可能摆脱习题训练模式，教师要联系实际应用原始物理问题强化学生体验，如在学完"功率"后，教师可以设计估算摸高的功率（先体验后估算）、估算小明同学把一捆书从一楼背到二楼做功的功率，这样的练习有助于提升学生解决问题的能力。

三、"四环递进"概念教学模式的践行思考

依据"四环递进"模式进行教学开发要考虑学生的最近发展区，教师所设计的过程需结合学生的已有素养和目标素养，最大限度地发挥教学模式的价值。

（一）关于学习目标

教学目标在整个教学的设计与实施中起着统领作用，我们所看到的课堂教学中的精彩或遗憾实际上都是教学目标到位或不足的映射。教学基于理解，这种理解在实践中主要表现在如何理解物理核心素养的内涵及怎样把对课标、素养的理解融入课堂教学。教师在教学开发时一定要制定切实可行的素养目标，

重点考虑以下几个方面的内容：一是依据"学业要求"把握课程标准对本概念的学习要求；二是思考本概念所承载的物理核心素养，怎样体现物理学科本质，要发展哪些关键能力；三是思考学生的学习基础和预设发展展望。

（二）关于情境创设

《义务教育物理课程标准（2022年版）》指出，"物理教学离不开现实的物理情境"，可见创设和使用情境既是教学的基础，也是有效的策略。概念教学要创设真实、有价值的现实情境，所创设的情境必须符合"富含所要学习的物理概念、源于真实的生产生活科技实践、蕴含悬念激发探究欲望、具有适度的复杂性、贴近学生生活、贴近时代"等特征。教师在教学中要注意以下问题：一是情境要直观呈现。根据初中生的年龄阶段特点，教师在教学中要把抽象的概念融于易于学生理解的、接近生活的教学情境呈现，便于学生积极调动视觉、听觉、嗅觉、触觉，更加直观地认识，便于理解。二是要启发学生。建构的教学情境要与学生原有的认知或生活情境有关，引发认知冲突，使学生习得思维方法，提升解决问题的能力。三是情境创设应该贯穿在整个概念的学习过程中，如概念课的导入、概念的形成过程、概念的应用过程等。

（三）关于问题设计

问题情境也是概念教学中情境创设的一个重要方面，是课堂教学的基本要素。问题决定着学生思维的方向，决定着学生学习活动的方式。首先，教师要能基于所创设的情境提出与所学概念有关的确定性问题，其次，在教学中要善于把问题拆解形成可探究的子问题。在教学中，教师要特别注重针对核心素养目标设计连续的符合学生实际的有台阶的问题链，引导学生深度学习。问题的设计要把握如下几点：一是目标性，针对概念教学的目标；二是连续性，问题与知识和思维的发生、发展顺序相吻合；三是适切性，有合适的思维台阶；四是导向性，能引导概念教学活动的开展。

（四）关于科学方法

邢红军教授提出了"以科学方法为中心的物理学知能结构"，把概念教学分为知识获得和知识应用两个过程，在这两个过程中科学方法起着核心和纽带作用。物理概念的建立必须借助科学方法，教师在教学中运用科学方法建立概念时需要特别注意将科学方法加以展开，按照科学方法的内在逻辑呈现物理概念的建立过程，从而使物理概念以一种符合物理教学逻辑的方法水落石出，如比值定义的教学就要让学生经历完整的"选取比较对象、选取比较标准、研究比较意义、得出比较结论"过程，让学生在潜移默化中体悟科学方法的应用，凸显学科本质，形成物理观念，发展科学思维能力。

四、结语

学生学习物理概念的效果与诸多因素有关，从教学组织来看，"四环递进"教学路径模式能很好地凸显学生的学习主体地位，引导学生经历对感知的情境进行概括和抽象，自主建构概念，从而达成深度学习。

参考文献

［1］李春密.深度学习：走向核心素养（学科教学指南·初中物理）［M］.北京：教育科学出版社，2020.

［2］中华人民共和国教育部.义务教育物理课程标准（2022年版）［M］.北京：北京师范大学出版社，2022.

［3］邢红军.初中物理高端备课［M］.北京：中国科学技术出版社，2014.

习作讲评，爱上习作

——试谈小学生习作讲评课的实施策略

攸县长鸿学校 刘 红

语文教学，对于很多老师而言，习作教学是一大难点。在上习作课的时候，大家都觉得学生的习作兴趣难以调动，学生的习作习惯难以养成，甚至觉得对学生的习作指导无从入手。虽然，很多老师非常重视习作指导课，重视习作前的指导，有的甚至通过朗读大量范文的方式进行引导，结果往往事与愿违。很多学生的习作出现了千文一面的现象，学生不愿意写作，甚至怕写作文，老师们也是手足无措。

怎样培养学生的习作兴趣，让他们爱上写作呢？

我们在重视作前指导的同时，对作后讲评不能忽略。我觉得作后讲评课很关键，它既是对于前一篇文章的总结，又是对下一篇文章的具体指导，具有很重要的作用，尤其是能及时地发现学生的习作亮点，及时肯定，及时鼓励。所以，习作讲评课，需要我们好好琢磨。

我在教学的过程中，对于习作讲评课的指导特意进行了整理。我觉得习作讲评，重在激趣。只要做好以下三个环节，要让学生爱上习作也并非难事。

一、习作讲评，在欣赏中培养兴趣

对学生撰写的作文进行讲评，并不是简单地对学生习作进行打分，把学生的习作进行等级划分，而是通过讲评的方式，让学生明确什么是好的习作，什么是自己努力的方向，重在及时肯定，重在极大地激发学生的习作兴趣，让学生建立信心，从而培养学生习作的良好习惯。

做什么事情，兴趣是最重要的。有了兴趣，学生愿意写作，想写，这样文章才能写好。那么，怎样培养他们的习作兴趣呢？

我在习作讲评课的第一个环节就是欣赏，如"好题荟萃""好词品味""佳句欣赏"等。每一个同学不可能做到全文优秀，但是每一个同学每一篇文章都会有自己的亮点，如好的标题、好的词语、好的句子。设计欣赏的环节，打印学生的作品，并署上他们的姓名，一开课就让同学们来朗读自己写的题目、词语、句子，他们便会有一种很自豪的成就感。同学们通过努力，自己的作品被别人认可，他们会感受到习作原来也是很快乐的，他们会感受到无上的光荣。

在欣赏的环节中，我会想办法对于学生的优点进行褒奖，哪怕很小的优点也需要放大。当然，除了学生自己朗读，也可以请同学们进行点评，用自己的慧眼发现别人的亮点。这样做既对别人的文章进行了评价，也鼓励大家互相学习。欣赏别人的优点，知道了好的习作原来就是这样写的，被肯定的学生更加有了信心，会坚持自己的写作方式，因为他得到了大家的一致肯定，习作的信心会油然而生。

二、习作讲评，在挑刺中发现问题

当然，习作讲评光是一味地褒奖是不行的，那样太单一，也发现不了学生习作的缺点。我在习作讲评课设计的第二个环节是挑刺。每次阅读学生的习作，我们会发现大家都有很多不足，通过整理，会发现这些不足会有相同点，也会有不同点。

在挑刺的环节中，我把学生不足的相同点整理在一起，在开始的时候告诉同学们："失败离成功其实只有一步之遥，这些文字都已经写得很好了，但是还有一点小小的瑕疵，只要我们稍微调整，就是佳作。"这样的语言我会在课堂上重复很多次，最主要的目的是激励这些作者，告诉他们习作已经很优秀了，但还缺一点点火候，还需要努一把力即可"功成名就"。

挑刺的环节总是很热闹，有的是同学提出的意见，有的是老师提出的意见，有的是小组通过讨论之后提出的集体意见，有的甚至是自己反复阅读之后提出的意见。大家在挑的过程中发现了习作的不足，尤其是在很多同学的作品中发现了一些共性，也发现了自己习作中最大的不足，大家都明白了该如何改正。这样的做法既呵护了学生的自信心，又让他们及时发现了不足，可谓一举多得。

三、习作讲评，在训练中得到成长

及时发现了自己的不足，需要通过有效的训练来加以弥补。我在课堂上设计的第三个环节是当堂训练，进行片段的即兴习作。有了前面共性不足的发现，大家都会明确自己的方向在哪里，但是眼见为虚，手写为实，需要及时进行训练，及时巩固所学才能真正落到实处。

我随机从学生的习作中选取片段的开头，设计一个训练，让大家进行片段写作，会有很好的效果。修改别人的文章，同学们会兴致盎然的。学生写完之后，鼓励大家及时来分享自己的佳作，同学们再来进行赏析评价，及时肯定同学们的进步，这样的训练扎实有效，而且有趣。

在训练的时候，题目的设计很关键，需要老师用心。这就要求老师紧紧围绕单元的习作要素，看同学们在习作中落实了没有，有可能学生在很多的地方都有不足，需要我们进行取舍，选取最重要的方面进行强化练习。

学生写完之后，可以采取读一读、评一评、改一改等多种形式，让他们的训练形式更加丰富。

一堂习作讲评课的主要环节有如上述三个：欣赏、挑刺、训练，简单且容易操作，但是真正要上好习作讲评课并不容易，还需要重视以下三个方面。

第一方面：善于发现好的语言

贝多芬曾说过："我为什么要作曲，是因为我有许多想法要释放出来。"学生为什么会写作，是因为自己有许多真实的想法要记录下来。于是，我们对于什么是好的语言就应该有一个标准，并不仅仅是优美的、生动的语言，其实，我觉得最重要的标准应看是不是学生内心深处最真实的语言。

善于发现学生好的语言对于习作讲评至关重要，因为它是整节课的天平所在。好的语言需要老师有一双慧眼，要善于发现，善于放大。能发现好的语言，会让学生对于写作的好坏有一个导向性的判断，从而引导学生向习作好的语言深处迈进。

学生在习作中会有很多属于自己的语言，如自己的真实想法、自己的生活语言、自己的独特见解，可能是一个字、一个词、一句话，这些都远远胜过那些四字成语，胜过那些比喻句、拟人句、排比句。我们要能尊重学生的原创，尊重学生的写作意识，鼓励学生大胆地使用属于自己的语言进行习作，构建自己的语言体系。长此以往，学生的文字会令我们刮目相看的。

第二方面：重视各种评改方式

习作讲评离不开之前的习作评改，习作评改并不只是老师一个人的事情，可以采取多种方式进行，要能充分发挥各种形式的优势。

个人评改能及时发现自己的问题，可以培养学生的修改习惯。在修改的时候，我们要能引导学生修改错字、标点，修改语句，看是否通顺；修改语言，看是否贴切；修改结构，看是否完整。

小组评改是一种很好的方式，鼓励学生给同组的同学进行习作评改，很有必要。我们可以引导学生给别人好的文字予以点赞，用波浪线圈记好词佳句，给写得好的语句写上自己简短的评语，对整篇文章进行点评，并且进行星级评价。

我们还可以发动家长参与评改，引导家长阅读同学们的作品，发现大家的亮点，修改不足。对于家长的参与不要提过高的要求，重在鼓励。教师的点评也可以创新形式，采取等级、星级、评分等多种形式，重在肯定。在评价的时候，重在发现大家的亮点和不足，发现共性和个性，在习作讲评中突出重点。教师的评改不必把重点放在字词修改中，也不需要过多地进行习作旁批尾批，这样做吃力不讨好。

第三方面：重视两个意识

一个是读者意识。学生写的文章给谁看，除了自己，好像只有老师，有的甚至家长都不让看，大多数同学没有这种习惯，都缺乏读者意识。如果让每一个学生的习作拥有更多的读者，他们习作的热情会不会更高一些呢？

首先，大家都会意识到自己的作品会让很多人看到，写得好会得到肯定，写得不好很不好意思，所以每一篇文章都需要认真对待。其次，鼓励学生多读一读同班的作品，向别人学习好的写法，学生的模仿性很强，很多写作的方法都是向别人学过来的。读者除了自己、同学之外，我觉得还可以是全班同学的家长，甚至同年级的同学、老师、家长。这样的话，影响会更大，动静也会更大，效果也会更好。

另一个是发表意识。学生写的文章如果改完了，评了分就可以了，似乎还是不够。如果能够提供一个平台，让学生的文字得到发表，学生的习作兴趣会迅速飙升。其实，这样的想法很容易实现。我们可以组织学生开展多种活动，如制作小组作文手抄报、制作班级周报、发动家长制作习作美篇、教师制作学生习作汇编等方式，甚至鼓励学生进行网络投稿，让学生的文章得到发表。这样能极大地激发学生写作的兴趣，会让大家懂得自己的文章正在得到别人的认可，他们会想尽办法写好自己的每一篇文章，会想着、盼着自己的文章能够发表。到了六年级的时候，每个班都可以集结大家的优秀习作，出一本小册子。我想，这时候大多数的同学都已经爱上习作了。

习作教学，只要上好习作指导课，重视习作讲评课，前后指导紧密联系，让我们的学生爱上习作，其实也很容易。

教学支架巧搭，英语课堂开花

——"支架式教学法"在初中英语以读促写教学实践的探讨

攸县教育局教育科学研究室 邓瑞兰

一、支架式教学理论的内涵

支架式教学理论是建立在最近发展区理论基础之上的。维果茨基提出了最近发展区理论，他认为，为了达到从实际知识水平向潜在知识水平的过渡，学生需要得到教师或者其他人的帮助，以跨越到当前现有知识水平和潜在知识水平之间的最近发展区。支架式教学模式，指的是教师依据学生的最近发展区，为学生构建一种犹如建筑中脚手架式的学习框架体系，让学生在该体系的基础上开展学习，帮助学生不断提升认知能力、学习技能以及语言能力，最终实现学习效果的提升，推动学生智力由一个水平向另一个水平提升和过渡。

对于初中英语教学而言，由于很多学生在实际学习中不注重阅读，加之应试教育的影响，教师在课堂上采取灌输式教学模式，学生很难有较多的阅读时间，从而导致学生的英语学习效果低下，写作能力不高，阻碍了学生英语水平的全面提升。而通过以读促写支架式教学模式的实施，则能够让学生按照教师所构建的支架体系开展阅读学习，在阅读的过程中掌握更多的英语技能，不断提升阅读与写作的双重能力。

二、初中英语以读促写支架式教学实践的策略

为了更好地说明初中英语教学中以读促写支架式教学模式的运用，笔者选取人教版初中英语教材七年级上册"Unit 8 When is your birthday？"为例，对具体的教学模式和教学流程进行设计。该章节的内容是关于"生日"方面的，由于七年级学生对英语的学习还不够深刻，英语水平相对较低，因此在教学设计的时候考虑到学生的实际情况，笔者设计内容应相对简单，从支架式教学模

式的六个环节入手分析以读促写的教学过程，以便为英语教师提供一定的参考和借鉴。

（一）确定最近发展区

初中英语以读促写支架式教学模式的构建需要教师提前确定学生的最近发展区，只有对每一个学生进行全面了解，充分分析学生的学习需求和知识水平，才能进行支架的构建。因此，在实际课堂教学中，英语教师要对学生进行观察，依据学生的成绩、课堂表现以及语言沟通能力等确定学生的最近发展区。从实际教学过程来看，学生具备了一定的语法和词汇知识，不过很多学生都缺乏英语语言实践和语用环境。笔者确定的学生最近发展区是在读后写作中，学生能够通过阅读策略的运用重组文本，对语篇结构进行挖掘，活化写作思维，并树立良好的沟通交流观念。

（二）确定教学任务

根据对学生的了解，笔者选择的教学任务为"要求学生结合自己过生日的情景，为母亲设计一个生日宴会"。学生写作能力的提升与阅读有重要关系，同时与学生的思维也存在极大关系，学生只有学会思考，去发现知识、探究知识，理顺写作思路，在脑海中构建写作框架，才能够顺利完成写作。而在这个过程中，教师则应当结合学生的经验和能力为学生明确教学任务，引导学生对主题的内容进行深入思考，并支持学生发挥个人想法，而不是单纯地引导学生依据文本内容进行仿写。这需要学生对"Unit 8 When is your birthday？"进行分析的同时，探究文本的内涵，并联系自身的生活实际来构思。

（三）搭建支架

结合学生情况以及主题内容，笔者为学生搭建如下支架。

1. 语言支架

根据实际内容为学生设计如下问题：①Do you have a birthday every year? ②Who will often give you birthday gifts/presents or a birthday party? ③Does your mother have a birthday? ④How does she celebrate her birthday? 通过设计这些问题能让学生重新对生日有一个认识，回想自己每年是如何过生日的，而母亲又是如何过生日的，如此学生会努力思考过生日的场景，迫切想要将自身过生日的乐趣分享出来，而话题一转，再让学生思考母亲是如何过生日的，通过双方对比更能够体会母亲对自己的爱，从而写出更有内涵的文章。

2. 思维支架

思维支架是学生写作的基础，学生只有对写作主题进行深入分析，确定思维，才能更好地开展写作。结合如上几个问题，学生基本上已经明白自己要写的内容，思维基本上已经确定，因此再开始写作往往会更容易。

3. 情感支架

在构建以读促写支架的时候，教师要引导学生对文本的情感因素进行挖掘，感受文本中每个人的心理特点以及思维习惯，得到更高的体验和感悟。必要的话，教师还可以通过一系列情景的创设，让学生深入思考和分析，从而能对文本中蕴含的情感态度进行了解，进而能在自己的写作中融入更真实的情感。比如，教师可以创设一个生日派对的场景，大家聚在一起为一位老母亲过生日，让学生观看这种热闹、欢庆的场面，激活学生的思维。

（四）吸收内化

在为学生设定好这几个方面的内容之后，教师可以让学生再次对文本进行细化阅读，对每一段话的大意进行总结，并对文本结构进行分析。如果教材内容无法充分发挥作用，对于支架式教学模式的构建所起作用不充分，那么教师还可以从其他方面搜索资料为学生创建类似示范文本，引导学生阅读。比如，从互联网中、从相关的阅读资料中等搜寻信息，《中学生优秀作文选集》《写作能力训练》等书籍都有对应的内容。通过让学生对文本的语篇结构以及语言内容进行分析，能够促进学生对语言知识更好地吸收和内化，将其转化为自身的语言能力。

（五）合作探究并确定写作任务

在经过如上几个步骤的任务设定与阅读分析之后，教师就可以给学生一定的自主探究时间，让学生开展合作探究活动，与其他同学进行交流，以说促写，从而为写作提供一定的思维空间，沿着支架逐步深入，从而写出一篇好文章。比如，学生可以与其他同学分享自己过生日的场景，会收到何种礼物等，而母亲是如何过生日的，是否应当在母亲生日那天为其制造惊喜，如何设计生日派对等。

最终教师确定如下提纲，并说明写作要求：

提纲：①简要描述母亲最近一次生日是如何过的；②分析母亲过生日是否像自己过生日一样会收到很多礼物、有可口的饭菜和蛋糕等；③为母亲设计一次生日派对。

写作要求：①对如上要点进行陈述，详细深入思考；②词数90左右；③作文中不得出现有关学生个人身份的信息，如人名等。

（六）效果评价

在所有学生都完成写作任务之后，教师可以要求学生展示作品，对文章中的语言应用情况进行分析，明确学生是否依据要求来写作，写作过程是否突出句型和词汇等，有无对自己的观点进行充分表达；然后可以挑选出几个写作较好的学生的作品，供大家阅读，寻找其中的亮点，从而引导学生思考，促进学生更好地开展写作。

三、初中英语以读促写支架式教学实践的反思

（一）要合理确定教学任务并选择文本

教师首先要对学生的情况进行分析，明确学生的最近发展区，并结合学生的实际情况进行教学任务的确立。同时，教师还要结合学生的情况为其确定支架，确保写作支架能够起到较好的作用，这样可以激发学生的写作兴趣，提升学生的写作热情。另外，教师还要合理选择文本，文本是激发学生写作热情的基础，是学生写作的源头，因此教师必须根据实际主题进行文本的选择。本文选择的文本内容是与生日有关的，如此与学生的实际生活相贴近，符合学生的认知，而且让学生在对自己生活分析与思考的同时，开展写作，具有较强的操作性。

比如，教师在引导学生写作与小动物有关文章的时候，可以为学生选择教材中与小动物有关的阅读材料，也可以为学生播放各种小动物的视频等，激活学生的思维。

（二）注重文本阅读与语言输出的一致性

读是基础，写是升华。学生写作的好坏，很多时候与阅读有较大的关系，因此教师要为学生提供合适的阅读材料，让学生通过阅读为自身的写作打下良好基础。教师还要引导学生对文本的内容进行阅读，对文本的结构以及用词用句等进行了解，以便积累素材，帮助学生更好地开展写作。

（三）设置的支架必须是渐弃的和动态的

我们教师设置支架不是一成不变的，应该随着教学过程的行进而调整并变动。设置支架应遵循以下几点原则。

1. 适时性原则

在学生需要帮助时，教师要能提供合适的支架，并在适当的时候移除支架。

2. 适度原则

学习支持应有坡度，为学生留下适当的发展空间。一方面，学生必须站在自己的支持下，必须经过自己的奋斗才能跳跃，才能实现自己的目标；另一方面，学生要努力学习，这样才能实现自己的学习目标。

3. 适当性原则

学习型支架的设计不是越多越好，应该"恰到好处"，应该准确地为学生提供支架。

4. 动态性原则

学习支架要随着"最近发展区"的变化而变化。

（四）科学评价

评价是激励学生写作的一种好方法，教师在学生完成写作之后，要详细观看学生的写作情况，并有针对性地对学生进行表扬和鼓励，确保对学生的评价符合实际；要尽量多地运用激励性语言来评价学生学习中的优点，并帮助学生发现问题，从而促使学生提升写作信心，激发写作兴趣。

四、结束语

写作教学是初中英语教学中十分重要的内容，而写作又是建立在阅读基础之上的，所以教师应当从阅读教学入手，为学生构建对应的支架，让学生在分析文本、理解文本的基础上，对其段落层次、写作脉络等进行了解，配合教师为自身搭建的支架有效开展学习。与此同时，教师还应当引导学生养成良好的阅读习惯，为学生收集各种各样的阅读材料，让学生利用课下时间进行阅读，在阅读的过程中丰富视野，拓宽思路，为写作效果的提升奠定良好的基础。

总之，在初中英语阅读写作结合课中，教师帮助学生适时、适量、适度地搭建情境支架、内容支架、语言支架和评价支架等英语读写教学支架以读促写，让英语读写课满堂开花。

参考文献

[1]谢娟.高级英语写作支架式教学探析[J].兰州教育学院学报，2013，
　　29（12）：119–120.

［2］郭强.高中英语以读促写教学模式的实践探究与思考［J］.中小学外语教学（中学篇），2016，39（3）：35-39.

［3］张光明.中学英语"核"动力特色教学［M］.南京：译林出版社，2018.

［4］凌峰.支架式教学法在初中英语词汇教学中的应用分析［M］.北京：北京出版社，2018.

推模式教学，育核心素养

——"国培计划"2019年攸县初中历史送教培训实践

攸县鸾山中学 尹蓬来

攸县教育科学研究室 张文耀

2018年1月，教育部颁发的《普通高中历史课程标准（2017年版）》明确提出了历史学科教学需要培养学生五大核心素养，即唯物史观、时空观念、历史解释、史料实证、家国情怀。高中历史教学如此，初中亦然。其中时空观念、史料实证等素养更是初中历史教学中农村教师普遍感到困惑，同时结合中考实际迫切需要培育的学科素养。《义务教育历史课程标准（2011年版）》也要求学生：初步学会从多种渠道获取历史信息，了解以历史材料为依据来解释历史的重要性；逐步掌握学习历史的一些基本方法，如运用材料具体分析历史问题的方法等。然而，不少农村教师观念陈旧，很少研读课标；教学手段单一，很少使用媒介；教学模式欠佳，基本无章可循；加上乡村专业教师相对较少，教非所学现象较为普遍；教师外出学习的平台和机会不多。因此，当前农村中学历史课堂教学现状堪忧，对历史学科核心素养的培育更是无从谈起。

针对上述问题，攸县教师发展中心借力"国培计划"送教培训项目，挑选骨干教师成立攸县初中历史送教培训团队，积极探索培育历史学科核心素养的方法和途径，开展送教培训活动。此次培训特别突出一个主题，就是"四环两化"模式在初中历史教学中的运用。"四环"指"情景导入、自主学习、合作探究、同步反馈"四个教学环节；"两化"指"基本知识问题化、重点难点材料化"，就是"自主学习"环节中做到"基本知识问题化"，"合作探究"环节中做到"重点难点材料化"。

一、准备工作

为了实现培训目标，我们做了如下工作。

（一）通识培训明任务

我们组织学员认真聆听域外专家、湖南省中小学教师发展中心黄佑生主任和本土名师、攸县特殊学校彭琴校长的专题讲座，以及师训站对培训方案的解读，明确了送教培训的任务，借师德讲座提振了学员的精气神。

（二）示范教学做表率

导师团队"三上三观三改"示范课，精心打磨，定好标杆；长鸿学校谭奎、攸县三中皮亚娟和鸾山中学尹蓬来三位导师亲自进行示范教学，项目负责人、县教研室历史教研员张文耀和市教科院历史教研员张建军对"四环两化"教学模式做深入解读讲座。

（三）研课磨课促提升

培训分自研自磨、互研互磨和集中研磨三个阶段进行，先是学员分散到各自学校进行自研自磨，然后集中到基地校莲塘坳中学分小组进行互研互磨，最后全体学员以班级为单位进行集中研磨，集中研磨阶段全班观看了渌田中学学员李凌云和攸县三中学员黄小清两位教师的教学录像课，项目负责人张文耀作了题为《精品课的标准》的微讲座，促进教师在研课磨课中不断内化、提升。

（四）成果展示亮风采

培训推选震林中学学员刘晓娥、坪阳庙中学学员何艳兰代表全体学员进行优质课展示，然后依次进行个人成果展示、小组成果展示、班级成果展示，项目负责人张文耀对教师成长过程进行点评、推优。

（五）总结提升再内化

所有参培学员集中，分学科进行成果展示汇报，师训主管部门领导总结国培成果，表彰先进典型。

（六）辐射引领扩影响

培训开展一系列的辐射引领活动，旨在以参培学员为"种子"，带动本校和全县其他教师将培训成果落实到课堂教学实践之中，实现送教培训与校本研修的无缝对接，以国培、省培促校培，既推广了培训成果，又衍生了新的教学资源，形成优质教学资源库，从而让国培的成果落地生根、开花结果。

（七）教学竞赛结硕果

2019年12月12日和13日，攸县2019年中小学"学课标育素养"课堂教学比赛城区组和乡镇组决赛分别在攸县四中和株洲健坤外国语学校举行。本次决赛以"学习新课标，培育核心素养"为主题，彰显了"国培计划"2019年攸县初中历史送教培训主题，获得县一等奖第一名的陈婧和贺丰华两位老师都是初中历史送教培训的学员。其他几位参赛学员也大多运用了"四环两化"课堂教学模式。此前代表攸县参加株洲市中学历史教学竞赛的刘晓娥老师也是此次国培学员，最终获得了株洲市的一等奖。

二、工作理念

上述做法主要基于以下理念。

（一）基于职业懈怠原理

长期以来，"人类灵魂工程师"的美誉，给教师太多的光环，也赋予教师太多的使命和责任，也像道德枷锁束缚着教师。但教师也是凡夫俗子，承载不了如此沉重的压力，加上各种制度的不合理，久而久之，心理失衡，进而发展为职业懈怠。榜样的力量是无穷的，树榜样、立标杆，进行有效的沟通交流，是消除教师职业懈怠的好办法。

（二）基于职业兴趣原理

美国约翰·霍普金斯大学心理学教授约翰·霍兰德认为，人的人格类型、兴趣与职业密切相关，兴趣是人们活动的巨大动力，凡是具有职业兴趣的职业，都可以提高人们的积极性，促使人们积极地、愉快地从事该职业，且职业兴趣与人格之间存在很高的相关性。霍兰德的理念是："人的内在本质必须在职业生涯领域中得以充分扩展，期待一个人能在适当的生涯舞台上充分地展现自我，实现自我，不仅能安身，更能立命。"

（三）基于职业生涯规划原理

教师职业生涯的规划和实施，大致经历如下一个过程：

（1）"觉知"：这包括对自己所生活的这个时代的觉知、对自己所从事的这项职业的觉知、对个人发展的可能和现实空间的觉知等。

（2）在觉知的基础上，产生发展的"意愿"：很多时候，我们感觉不到自己有"发展的意愿"，但并不意味着我们事实上没有发展的愿望，只是因为我们被繁杂的日常事务和某种习惯了的、程序化的工作状态暂时蒙蔽了"自觉的眼睛"而已。

（3）"评估"自己和环境：有了发展的意愿，还必须有一定的可行的计划才能实现，而要制订一个有力量的职业生涯发展规划，必须以评估自己（自己目前的基本状态、自己的理想状态、这中间的距离等）和评估自己的环境（自己的环境中有什么样的资源和途径可以帮助自己实现计划）为基础，这样制订的职业生涯发展规划才有现实性，也才有可能对自己的职业发展产生实际的影响力。

（4）规划本身只是一项设想，重在践行：践行规划的过程本身就是一个学习、成长和发展的过程，因此，持续的"计划—行动—反思—重建（计划或个人理解）—行动—反思……"就一定是一项具有现实意义的职业生涯规划在实践中所应当表现出来的形态。

（四）基于教师职业生命周期阶段原理

休伯曼等人从20世纪70年代末开始对教师职业生涯进行研究，他们将心理学与社会心理学的研究方法相结合，从而跳出了单纯运用心理学研究方法的局限。更进一步的是，他们探索了教师职业周期中每一个时期的发展主题，真实地反映了教师的发展工作路线。教师"职业生涯"阶段论的理论体系，是通过细致地研究个体生命周期的不同阶段特点，对教师职业生涯产生影响的理论。它真正抓住了一些与教师专业发展相关联的生活或生命进程中的因素，从而将教师的专业发展置于个人生活和工作场景之中来考察，可以说为我们认识教师专业发展的进程开辟了新的视角。但是，作为其专业发展背景的教师的日常生活及工作，对教师的专业理念和专业行为会产生怎样的影响，这种影响是通过什么方式作用于教师的专业发展的，会对教师专业发展产生多大的影响，等等，如果没有对这些问题进行深入的研究和探讨，那么理论本身的可靠性和价值就需要更多地推敲和论证。显然，"职业生涯"阶段理论在这方面的工作做得还是不够的，因此，也就迫使该理论的研究还需要不断地完善和深入。

三、取得的成效

这样做下来，取得了非常好的效果，主要表现如下。

（一）普及了"四环两化"模式

参培的学员们基本熟悉了"四环两化"的操作流程，学会了运用"历史上的今天""猜猜我是谁""播放歌曲渲染气氛"等情景导入的方法；能够设计自主学习的思考题和同步反馈的练习题，让学生带着任务去阅读教材，通过当堂检测来反馈学习效果；能够做到基本知识问题化和重点难点问题材料化。即使没有参加国培的教师也能在本校参培教师的带动下尝试运用"四环两化"教学模式，并取得了较好的课堂效果。

（二）培训了一批学科骨干

震林中学学员刘晓娥和坪阳庙中学何艳兰两位教师的优质课展示获得了全体学员的一致好评。黄丰桥中学学员贺丰华和高枧中学学员刘志勇两位教师专门撰写了与送教培训主题相关的教研论文，并获得县一等奖。学员贺丰华、李凌云、唐湘兰、龙习容和陈婧等教师运用"四环两化"模式开展课堂教学，在2019年攸县中小学"学课标育素养"课堂教学比赛教研联片初赛中脱颖而出，获得教研联片一等奖，跻身2019年攸县中小学"学课标育素养"课堂教学比赛决赛。最终，贺丰华、陈婧、龙习容三位学员获得了县级决赛一等奖。

（三）扩大了送教培训影响

尹蓬来、王钦建、皮亚娟三位导师10月24日在湖南师范大学历史文化学院举行的"国培计划"（2019）——项目县乡村中小学教师培训团队三科统编教材研修项目（初中历史A159）结业考核中，分别对"新文化运动""文艺复兴""秦统一中国"进行了说课，推介了攸县实施的"四环两化"教学模式。王新风和罗斌艳两位导师10月23日在"国培计划"（2019）——项目县乡村中小学教师培训团队学科"深度学习"研修项目（A153初中文综）结业考核中对攸县实施的"四环两化"教学模式进行了详细推介。导师们的介绍扩大了"四环两化"教学模式的影响，使之迈向了更高的国培舞台，在学员中深受好评，也得到了专家们的肯定。

四、启示

在培训的实施过程中，我们得到了这样一些启示。

（一）要把好选题关，确保主题确立的适切性

主题的确立关乎实施的成败。经过广泛征求意见，多次研讨交流，并聘请有经验的专家指导、把关，我们确定了既顺应时代发展潮流和教育改革趋势，又契合学员专业成长发展需求，且易于实施推广，具有较强操作性的培训主题。

（二）要把好选人关，确保学员遴选的针对性

我们坚持参培学员有发自内心的培训需求、年龄结构合理、尽可能年轻

化、身体状况和家庭生活不受影响的几条原则，把纯粹为学分而来的学员排除在外，把好了学员的遴选关，确保了送教培训的效果。

（三）要把好示范关，确保示范教学的引领性

我们精心挑选个人素质全面、教学经验丰富、能够吃透教材和课程标准、有自己的教学特色的导师担任示范教学任务。示范教学环节的研课磨课做到了"三上三观三改"，执教导师试教三次，团队成员充分运用观课量表，认真观课议课三次，执教导师结合团队成员的修改意见先后三次进行修改。并聘请本土专家和域外专家定好向，把好关，树好标，做到了精益求精，确保示范教学的引领示范作用。

（四）要把好研磨关，确保研课磨课的有效性

研课磨课环节是促使学员将所学知识内化于行的关键步骤，也是学员最有收获、提升最快的一个环节，抓好抓实势在必行。自研自磨环节充分发挥了学校教科室和教研组的作用，导师团队进行督查指导，筛选好优质录像课。互研互磨环节导师认真组织分组优质课展示活动和互动评课交流，让学员在相互学习交流中受到启发，共同成长进步。集中研磨环节精选了既能很好体现送教培训主题，又有设计新颖、画质清晰的优质录像课予以集中展示，让学员展开充分讨论，形成初步共识。本土专家通过《精品课的标准》微讲座定好标准，让学员入脑入心。

（五）要把好展示关，确保成果内化的科学性

成果展示是学员国培收获的集中体现。导师团队规划好蓝图，设计好路径，鼓励学员以美篇、微视频、心得体会、说课稿以及三句半等多种形式来展现学习成果。学员们智慧无穷，惊喜不断，精彩纷呈。通过树立各种学员榜样，如"可爱何仙姑""最美孕妈妈""可敬老黄牛""最帅老大哥"等，以及优秀美篇、优秀心得体会、优秀教学设计、优秀微故事、优质课等，对学员进行正向激励和引导。

（六）要把好引领关，确保学员成果的示范性

我们采取分工合作的方式，将任务分解，具体到人，凝聚全县历史教师的合力，形成一套体现送教培训主题的精品教学资源库（学案、课件和教案等），在学校内、区域内确保示范性。

（七）要把好管理关，确保培训实施的流畅性

我们根据县教师发展中心的要求，结合自身学科特色，事先做好培训实施各个环节的各种预案，把学员分好小组，配好导师，明确培训专家导师和学员的具体任务、职责；按时公布每次任务的工具清单，导师跟踪服务，做到任务具体，分工到人，及时公示，及时总结，确保送教培训的每一个阶段都能够顺畅。

音你而来，乐动童心

——A2081音乐工作坊第二组研修工作计划

一、指导思想

以新课程理念为导向，以研修组成员为主体，关注当前音乐教育发展中的热点、教育教学中的合唱教学难点问题。通过研修，力求提高本组成员的教育理论知识和教学素养，使其成为一名优秀的音乐教师。

二、研修主题

工作坊研修主题："唱创教学在班级合唱中的应用。"
小组研修主题："望月亮。"

三、研修目标

（1）通过培训，转变教育观念，提高认识。
（2）通过培训，学习班级合唱的教学方法，形成良好的班级合唱氛围。
（3）掌握小学音乐课程与教学改革的核心理念，致力提高小学生音乐素养和课堂教学的有效性。
（4）促进专业化发展，提高教育教学研究能力。

四、小组情况分析

本小组由10位教师组成，其中8位是音乐专业的教师，但其中只有2位是专职音乐教师，有3位教师目前在校都没有承担音乐学科教学，所以急需通过本次国培来提高自身教学素质，解决在音乐课中合唱教学的难点。

五、研修任务

（1）线下任务：通过集中研修，并完成研修任务，能在班级合唱中熟练地运用"唱创"教学策略，不断提升自己的教育教学能力。

（2）线上任务：自主选修在线课程学习，主要包括观看视频课程、撰写观课随笔、提交学习心得、完成研修作业。围绕研修主题与目标，开展主题沙龙、问题答疑、主题活动。

六、具体措施

（1）认真聆听专家的讲座，观看课堂实录，学习课程知识，在学习过程中认真做好笔记，不断提高自己的教学水平和专业素养。

（2）积极参与各种研讨活动，积极发表自己的观点，博采众长，在交流中提高自身的专业知识。努力学习与新课程相关的理论知识，并做好读书笔记。

（3）小组成员之间相互学习，相互探讨，积极参与课程研讨，全力准备"同课异构"活动。

（4）不断反思自己课堂中的不足，努力探求适合学生的班级合唱教学方法，提高学生演唱素质的同时提高自身的教学素养。

附：

《望月亮》教学设计

攸县工业路小学　李志梅

【教学目标】

1. 通过学唱歌曲《望月亮》，学生能够感受3/4拍的韵律，感知音乐情绪。

2. 学生能够用自然、优美的声音演唱歌曲《望月亮》及创编部分。

3. 通过合唱《望月亮》，学生能够提高合唱力，增强合作能力，提高集体的凝聚力。

【教学重难点】

重点：用自然、优美的声音准确地合唱歌曲《望月亮》，表达歌曲情绪。

难点：能准确、有情感地合唱《望月亮》，感受合唱的魅力。

【唱创设计】

望月亮

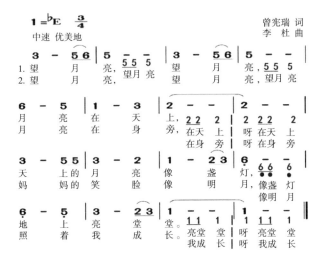

【教学过程】

（一）趣味导入

（1）课前礼仪：师生问好。

（2）猜谜语。

师：同学们，欢迎来到李老师的音乐课堂，今天老师带来了一个谜语请大家猜一猜。

谜语：有时落在山腰，有时挂在树梢，有时像面圆镜，有时像把镰刀。

生回答。

（3）引出课题。

板书课题《望月亮》。

（二）新授

1.初听音乐，感受音乐

播放歌曲《望月亮》，师律动。

提问：你听到了什么？你的感受是什么？

生答（月亮、妈妈、温柔、优美、抒情）。

2.学习、感受四三拍

（1）介绍四三拍，让学生用律动感受强弱规律。

（2）学生自主创编律动，师评价。

师指名学生展示。

3. 学唱歌曲

（1）师范唱。

（2）师按节奏带读歌词，加入律动学习歌词。

（3）师弹唱谱，生用"啦"模唱旋律。

（4）师弹唱谱，生唱词。

（5）练唱歌曲。

① 师生合作接龙唱。

② 生生合作接龙唱。

（6）生随乐演唱（师加入创编声部）。

4. 学唱二声部

逐句学唱二声部。

① 师带唱。

② 师生合唱。

③ 生分组合唱。

表演展示。

（三）课堂小节

月亮就像一盏明灯，照耀着大地，就像我们的妈妈呵护我们成长，我们成长的每一个阶段，妈妈都陪伴在我们身边。妈妈爱着我们，我们也爱着妈妈。今天同学们用甜美的歌声唱出了对妈妈的爱，温情而美好。今天的音乐课堂就到这里，我们下次再见。

《青春舞曲》教学设计

攸县第三中学 王铭娜

【教学内容】

学唱《青春舞曲》。

【教材分析】

《青春舞曲》是湘艺版七年级上册第四单元的演唱歌曲。这首歌曲是由有"西部歌王"之称的著名作家王洛宾，在20世纪40年代从一个维吾尔族高级知识分子口中学得，并加以整理而成。全曲五个乐句都是基本相同的节奏型，同样的旋律重复却让人百唱不厌，只在第三乐句的旋律上稍许变化，给人以新鲜感。最末两小节是乐段的扩充，在稍许变化的旋律中，用新疆维吾尔族的虚词衬字渲染，又回到主旋律中结束全曲。

【教学目标】

1. 知识与技能：能够感知音乐主旋律，并能用欢快、活泼的情绪演唱《青春舞曲》

2. 过程与方法：在聆听感受、模仿实践中，学唱维吾尔族民歌《青春舞曲》。

3. 情感态度价值观：通过聆听、演唱等活动，加深对民族民间音乐的喜爱之情。

【教学重难点】

重点：能用欢快、活泼的情绪演唱《青春舞曲》。

难点：能用三个声部合唱来完整地演唱《青春舞曲》。

【教学准备】

为了更好地突出重点、解决难点，我设计了如下几个教学方法：示范法、游戏法、欣赏法、讲授法、谈话法。

【唱创设计】

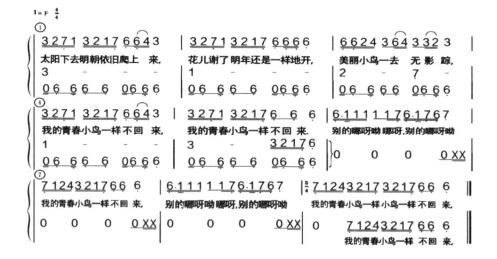

【教学过程】

（一）组织教学，师生问好

1. 节奏练习

PPT展示：亲爱的同学，你们好！

师：同学们，这句话我们可以用什么样的节奏型代入？

引导学生说出小切分二八二八四的节奏型，并教他们念、击打节奏型

xxxxxxx x‖。

师：同学们非常不错，接下来难度升级啦。这个小节的节奏该如何击打呢？

xxxxxxxxx ‖。

（学生练习节奏型并熟记）

师：既然大家都会了，我们来到终极版啦。这个小节的节奏我们该怎么击打呢？0xxxx0xx x ‖。

师：0在音乐中是什么音符？那么它需要发出声音来吗？

生：休止符，不发出声音。

师：请你们来打一下这个小节的节奏。

（请学生击打节奏型，并做出随堂指导）

师：老师在这个节奏型当中加上了音，我们来念la。

0xxxx0xx x ‖。

lalalalalala la。

（老师引导，让学生进行学习）

设计意图：通过击打节奏的练习，解决本课的难点节奏型：小切分，为后面的歌曲学唱做充分的准备。

2. 感受声音的魅力——单声部练习

师：我们刚刚感受的是节奏美，我们现在来感受一下旋律美。在歌唱课之前我们首先要干什么？

生：练声。

师：今天我们通过一条视唱来达到练声的目的。

3－－－|1－－－|2-7-|1－－－|3-3217 6‖

（对学生的声音及坐姿做出要求，时刻提醒学生）

（二）导入

播放维吾尔族的视频

师：我们刚刚进行了一个小热身，学习了一些音乐的基本素养，今天我们要学唱一首歌曲，请同学们看看老师的这个舞蹈动作是哪个民族的？

生：维吾尔族。

师：我们今天要学习的就是维吾尔族民歌《青春舞曲》，我们先跟着视频去了解一下维吾尔族吧！

（学生聆听感受歌曲的音乐特色、音乐情绪）

师：想必同学们对维吾尔族都有一定的了解了，接下来我们要来感受一下这首歌曲的音乐特色以及音乐情绪。

（学生通过聆听以及PPT上的提示得出答案）

设计意图：直观地感受歌曲的特色与情绪。介绍作者王洛宾。

（三）新课教学

学唱歌曲：

（1）用"la"模唱旋律。

（2）简谱视唱。

（提高学生的音乐素养）

（3）歌词带入。

（4）歌曲处理。

设计意图：通过模唱、简谱视唱，解决音乐素养问题；加入有节奏的歌词，让学生感受整体音乐。

（四）拓展与延伸

（1）复习节奏，加入第二声部。

（2）加入高声部。

（3）讲解结束句的轮唱。

（重点讲解最后一个小节轮唱的要求）

（4）三声部完整演唱。

设计意图：让学生在三声部的学唱练习中，感知音乐和声的魅力，提高他们对音乐学习的兴趣。欣赏合唱《青春舞曲》，感受合唱的魅力。

（五）课堂总结

　　今天我们学习了新疆维吾尔族的民歌《青春舞曲》，这首歌曲让我们认识了西部歌王——王洛宾先生，同时感受到了维吾尔族民歌的热情。都说民族的就是世界的，希望同学们在今后的学习、生活中，可以继承和发扬中华民族民间特色音乐文化。

"一体四核"的项目县国培实践模式

湖南省攸县教师发展中心　贺国惠　刘正茂

为高效完成国培任务，萃取国培成果，确保国培种子落地生根，攸县教师发展中心努力推进县校两级一体化实践（以下简称"一体"），以"四核"为引擎，强力驱动，形成了独具特色的项目县国培创新发展模式。

一、问题提出：面对现实，明了起点

（一）一体设计有强烈的现实需要

攸县教师培训与校本研修长期存在"两张皮"现象。加之，县域教师培训存在培训时效短、管理难度大、跟踪记录少、辐射引领难等问题；学校校本研修存在孤岛化、行政化、碎片化现象。若不改进，教师队伍现状将无法适应新时代。

（二）一体设计有可贵的经验可依

自实施国培送教培训项目以来，攸县中小学教师尝到甜头，参训热情高涨。这主要是因为：课程符合成人学习法则，本土专家更接地气，区域连片研课更受欢迎，以校为本的训后效果巩固和辐射更见成效。这让我们深刻认识到，县校两级一体化实施教师培训有广阔前景。

（三）一体设计有创新价值所在

将国培项目与教师、学校实际紧密结合，一体设计，多核驱动，能充分整合县域教师培训与校本培训的优质资源，是实现以国培促进校本研修真正落地的创新之举，能实现一体化应用效益最大化。

二、整体思路：一体设计，以终为始，对接校本

（一）一体设计，整合资源

一体调研落实"学"的起点：从学校与教师需求出发，形成一体化的学培机制。

一体设计"训"的流程：依托国培资源，整合县域及学校资源，科学规范培训流程。

一体设计"导"的方式：建立本土智库，上位引领，下沉辅导，实现专家指导本土化、精细化、专业化。

一体设计"评"的标准：服务和评估标准化，以评促学、以评促训、以评促研。

一体利用"器"的使用：利用好名师工作室平台和"奥鹏"校本研修管理平台；整合县域力量，系统开发校本研修需求调研、培训项目设计、研课磨课、效果评估等研修工具。

（二）以终为始，科学实施

在研修主题、课程实施、流程环节、工具测评等方面以终为始，结果导向，科学稳步推进国培项目。

（三）萃取成果，对接校本

及时萃取国培成果，突破学校、区域限制，突破时空局限，突破项目局限，实现国培为校本赋能的终极目标。

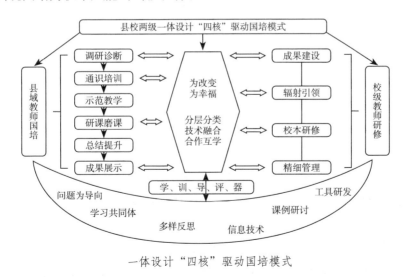

一体设计"四核"驱动国培模式

三、工作创新：以终为始，四核驱动

（一）以成果建设为引擎，让成果为培训赋能

1. 以预设调研成果力促调研措施落地不虚空

（1）精心预设调研成果。从研修主题、研修方式、研修路径、效果评估等方面预设调研成果，形成调研成果预设总单，充分进行顶层设计。

（2）精心设计成果调研方法。我们采用"三层三步"成果需求调研法。①县教师发展中心采用问卷调查、推门听课、座谈访谈、新课标学习等形式进行组织维度的教师培训预计成果需求调研。②各学科团队组织学科教师针对筛选出的问题进行工作维度的需求调研，各学科团队在此基础上选择并提炼出学科研修主题。③最后教师发展中心组织专家进行论证。

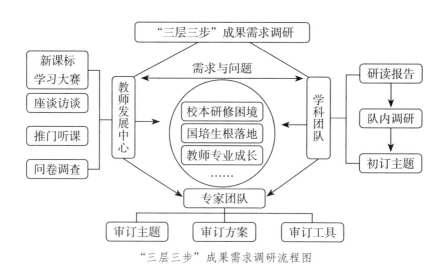

"三层三步"成果需求调研流程图

2. 以成果建设清单力保实施路径不走样

以"一单子"成果清单导引。根据需求调研情况以及学科送教主题，我们设计年度培训项目成果预设表，从实践性成果、生成性成果、总结性成果等维度细化成果建设目标，要求各学科认真研究并填报成果建设清单。

3. 以"四分享"成果展示力争培训效能外延不窄化

"四分享"：①小组学员展示，每个学员都在小组内进行认真展示，真实分享培训成果。②小组班级展示，每个小组在班级采用不同的形式分享集体研修成果。③学科组汇报展示，每个学科组在总结提升环节进行成果大汇报。

④送培校成长成果大展示，使"一体化"落地生根，形成样板示范效应。

（二）以辐射引领为引擎，让辐射为学校赋能

1. 增设辐射引领环节，让培训效能有延续

为让学员研修效益更大化，也为校本研修提供借鉴，我们在湖南省送教培训六环节之后增加"辐射引领"环节，将培训课程向8天之外延续，对接校本活动。

2. 细化"三个一"任务，让辐射引领接地气

送教培训成果展示环节后，我们以送培校为单位组织学员在三周内完成"三个一"任务：一次成长分享、一节汇报课、一次完整的教研活动。教师发展中心对各送培校活动实施、学员参与、非学员参与情况均进行考核。

3. 跟踪严督导，让辐射引领有保障

各学校、各学科持续为学员成果应用提供跟踪指导和组织保障。我们以"一进三听"方式进行训后实地跟踪。"一进"，进课堂，在真实教学环境下感受学员的变化。"三听"，听学生评价，了解学员培训后在课堂教学、班级管理等方面发生的变化；听同行评议，了解学员在备课组、教研组等方面的辐射作用；听领导介绍，了解学员在学科建设、校本研训等方面的引领作用。

（三）以送培入校为引擎，让国培为校培赋能

1. 训中实施"四入"策略，对接校本研修

"四入"策略，即校本研修意识渗入团队管理，校本研修元素植入送教环节，校本研修活动融入辐射引领，校本研修机制建设纳入课题研究。"四入"策略，有效促进了攸县校本研修模式落地。

2. 训后实施"三学"策略，拓展国培模式

一学国培的需求调研分析模式，二学国培的研课磨课模式，三学国培的成果展示模式。利用"校本"App，对项目申报、实施、评估，以及国培模式拓展、学员作用发挥等方面进行指导、监管和考核。

（四）以精细管理为引擎，让管理为效益赋能

1. "三张单子"贯穿始终

（1）一张行动总清单。统一各子项目行动清单。

（2）一张督评清单。实施过程中组织督查评估团队，及时出具督导整改清单。

（3）一张"可视化"清单。在学员考核、成果管理、氛围营造等方面全面推行可视化管理，切实提高管理效益。

2. "三大工具"科学诊断

运用学员听课评课观测量表（各学科组反复修改订正）、小组成果申报模板、学员日常管理手册三大工具，对学员进行科学有效的管理。

3. "三方督导"严密把关

送培学校团队督导，确保学员的教学设计初稿得到送培校本土专家的指导和帮助。导师团队督导，确保学员上传的教学设计和教学视频得到及时的专业支持。学员互相督导，利用"互研互磨"平台，学员互相研讨，凝聚学员团队智慧。

四、工作成效：模式利好，成效显著

2018年、2019年攸县"一体四核"国核驱动国培模式效益可观，连续获得湖南省国培项目县同批次第三的佳绩。

第四批项目县得分情况

单位：分

项目县	湘潭县	冷水江市	攸县
专家年初方案过关评审（10）	9.3	8.8	9.4
专家过程视导（20）	19	18	17.8
专家总结提升评审（25）	23.17	23.00	22.67
专家绩效材料评审（15）	13.95	13.65	13.30
学员参培表现（5）	4.5	5	5
学员满意度测评（20）	19.49	18.98	19.63
学分管理（5）	4.78	4.98	4.92
加分项	—	0.4	—
总分	94.19	92.81	92.72
类别	A	A	A

（一）训学相长，导师与学员共振提升

学员：优课率达96.5%，获得感显著增强；学生对教师的满意度培训前后平均值分别为86.5%、96.8%，增长了10.3个百分点；学员参与校本研修的热情更高，辐射引领率达100%。

导师：课程指导力和自我认同度普遍增强，训前训后平均分别增长13.5个百分点和7.9个百分点，4人被选为省第三批培训师培养对象及高端研修学习对象。

学校：资源利用率增长23.5%；校本研修学分管理纳入一体化系统更科学规范；教研教学有规可依，有模式引领；普遍认同"为改变 为幸福"的教师成长理念。

（二）影响面广，投入与产出绩效明显

攸县做法先后在湖南、广东多地进行经验分享。送教学科项目负责人、学科首席专家多人在全国学科深度学习团队中作学科施培经验分享。攸县的国培项目被评为株洲市2019年十大创新教育项目。特殊教育是2019年攸县国培的子项目，2019年累计送教上门学生171名，为攸县教育精准扶贫写下了浓墨重彩的新篇章。"湖南之窗"等十多家媒体对攸县的"送教培训"进行了报道。

（三）价值比高，维度与应用多元科学

"一体四核"国培实践模式应用性强，模式经验可复制，可操作，可推广，有着广阔前景。一是"一体化"思维模式具有普遍性，可指导县域层面的教师培训；二是"一体化"资源建设范式利好乡村学校的发展；三是"四核驱动"，将"一体化"要素串联，多维发展，具有创新性；四是以终为始，以成果预设倒逼培训落地生根，助推校本研修，为校本研修有效乃至高效实施提供了一条新路径。

后 记

经常有人问我们，搞国培这些年你们取得了哪些成就？

是啊，五年了，攸县国培工作从2018年至2022年，足足五年了！这期间世界之变、时代之变、历史之变正以前所未有的方式展开，我们身在其中只做了一件事：县域国培。

五年只做了一件事，有什么成就？问者合情合理，被问者诚惶诚恐。思考来，思考去，似乎有很多的东西要说，大伙说不如干脆编本书吧。一来对五年国培有个交代，也是对自我、劳动与生活的一种诠释；二来给教师以示范，因为我们常常在不同培训场合讲"成果思维"这个概念，或许可以拿出一个像样点的东西，聊作引领。当然，今后若再有人问起这个问题，便可以随手奉送一册，答曰："喏，大概就这些。"免得语焉不详，失之礼貌。

说时容易，做时难。一开始以为国培五年成果这么多，编本小册子是很容易的事，可真要行动，却又觉得万无头绪。编什么？怎么编？谁来编？真正的成就点又在哪里？……攸县国培主要工作者又重聚在了一起，穿越时空，追索历程，烛照当下，最后我们把成果浓缩成三个词：聚焦、融合和成长。

聚焦课堂，从问题到课题

一开始我们的目光就锁定在课堂上，关于攸县课堂中的问题，尤其是农村学校课堂中的问题，问卷、访谈、听课，各方调研，一个个切中教师心坎的问题纷纷呈现；集中培训、团队展示、小组打磨，一个个聚焦课堂的主题初步绘就；专家点评，再磨再修改，精雕细琢，一个个实在的科学主题聚焦成功。当然，我们还不满足，从小组出发，到基地校、项目校，从坊主出发到小组长、坊学员和全县所有教师，专家解读，课例跟进，主题得到了进一步的延展与诠释。改变不限于此，我们又开始更系统化地聚焦问题，将一个个主题转化为一个个或县级或省、市级的课题，聚焦真问题，展开真研究，触发真改变。

聚合发力，从组合到融合

说真的，刚开始着手国培的时候，我们的力量十分有限，单就县教育局师训科是难以承担这样一项艰巨的任务的。于是我们重新组合了力量，汇聚了师训、教研、信息技术等多个部门，组建了攸县教师发展中心（临时），并以此中心为圆心，组建了不同层级的专家指导团队，多种途径，多重磨合，多次集训，直到团队从简单的组合、磨合走向深度融合。于是，榜样示范、团队带动、全员发力，蓝图从愿望转化为行动；于是，我们有了越来越多的精品国培课程、给力的国培方案、优秀的国培工具等丰富多样的成果。

聚变升华，从悦纳到成长

"为改变 为幸福"是我们培训的宗旨。幸福是个很个性的词语，我们似乎很难去描述，但改变与成长却是实实在在的。这五年国培，无论是从培训者还是从教师，无论是初上岗的年轻教师还是从教多年的老教师，从最初的懵懂迷惘到清晰确定，从被动接受到悦纳欢喜，一个个动人的蝶变故事、一次次精彩的案例展示、一张张闪光的荣誉证书、一篇篇实在科学的论文发表，见证了攸县师训工作的荣耀，更见证了五年国培在攸县产生的巨大聚变能量。

改变世界的是这样一群人：他们寻找梦想中的乐园，当找不到时，他们亲手创造了它。在梳理本书、找寻素材的过程中，我们越发对我们的教师产生了由衷的敬意。借着国培的东风，教师积极参与，努力学习，为自己，也为学生创造了更好的成长氛围，改变着值得改变的，幸福着教育人的幸福。

改变看得见，成长有痕迹，幸福可触摸。这也是我们的幸运。

"赶时间的人没有四季/只有一站和下一站""每天我都能遇到/一个个飞奔的外卖员/用双脚锤击大地/在这个人间不断地淬火"……这是送外卖五年，写了2000首诗的外卖诗人王计兵的诗句，在豆瓣上被打出9.3分，不少人看得热泪盈眶。

播下汗水做种子，采撷岁月以成歌。从某种意义上看，或许我们都是"王计兵"，在各自的道路上"用双脚锤击大地/在这个人间不断地淬火"。这本书是攸县国培人踔厉奋发、笃行五年结下的小小果实，能不能得到读者的青睐是个问题，大抵也不太可能让您热泪盈眶，倘能给还在教育田地里辛勤耕耘的您以点滴的启迪、丝丝的帮助、细小的改变，就是我们最大的安慰与幸福了。

最后，衷心感谢各级领导对攸县国培工作的大力支持，衷心感谢所有为本书的出版付出辛勤劳动的编委与老师们。

攸县教师发展中心
2023年12月